나의 목표

| 시작한 날 | | | | 년 | | 월 | | 일 |
| 마지막 날 | | | | 년 | | 월 | | 일 |

하루 공부를 마치고
포도알을 색칠해 보자!

1일 1주제 9분 만에 끝내는
119 돈과 경제

초판 1쇄 발행 2025년 12월 30일

지은이 이선아

펴낸이 윤주용
편집 도은주, 류정화 | 마케팅 조명구 | 홍보 박미나
외주편집 장기영, 박미선

펴낸곳 초록비책공방
출판등록 2013년 4월 25일 제2013-000130
주소 서울시 마포구 동교로27길 53 308호
전화 0505-566-5522 | 팩스 02-6008-1777

메일 greenrainbooks@naver.com
인스타 @greenrainbooks @greenrain_1318
블로그 http://blog.naver.com/greenrainbooks

ISBN 979-11-24126-10-3 (44080)
      979-11-24126-02-8 (세트)

어려운 것은 쉽게 쉬운 것은 깊게 깊은 것은 유쾌하게

초록비책공방은 여러분의 소중한 의견을 기다리고 있습니다.
원고 투고, 오탈자 제보, 제휴 제안은 greenrainbooks@naver.com으로 보내주세요.

1일 1주제 9분 만에

50일 완성

끝내는

돈과 경제

이선아 지음

초록비책공방

119 시리즈 만점 활용법

119 시리즈는 하루 9분, 하나의 주제로 공부 습관을 만드는 책이야. 교실에서 아이들과 함께해 온 현장 선생님들이 직접 쓴 책이라서 너희가 꼭 알아야 할 개념과 생각하는 방법을 쉽고 정확하게 알려줄 거야. 이 책을 더 잘 활용할 수 있는 방법을 소개할게.

1. 하루 한 꼭지, 9분만 집중해 볼까?

119 시리즈는 '읽기→생각하기→정리하기' 순서로 이어져 있어. 먼저 질문으로 호기심을 열어주고 이어지는 짧은 이야기와 설명을 통해 자연스럽게 개념을 익힐 수 있지. 하루 2~4페이지 분량이라 부담 없고 꾸준히 하기에 딱 좋아.

2. 교과와 연계된 학습 키워드로 중심 잡기

각 꼭지는 학교에서 배우는 교과 단원과 연결되어 있고, 교과 개념과 연결된 학습 키워드를 중심으로 내용이 이루어져 있어. '왜 이걸 배우는지', '교과에서 어디와 연결되는지'를 자연스럽게 이해할 수 있지. 학교 수업과 함께 보면 훨씬 더 깊게 이해되고 복습 효과도 좋아.

3. 배운 내용을 '나만의 말'로 정리해 보기

이 책은 단순히 외우는 공부보다 생각 흐름을 따라 개념을 이해하도록 되어 있어. 본문 중간에 나오는 질문에 스스로 답해 보면 "아, 나는 이렇게 이해했구나!" 하고 정리가 돼. 이런 과정은 바로 논술형 평가에서 필요한 사고력으로 이어져.

4. <실력 쑥쑥 119>로 바로 복습하기

각 꼭지 바로 뒤에는 <실력 쑥쑥 119> 문제가 있어. 오늘 배운 내용을 잘 이해했는지 스스로 확인할 수 있고 중요한 개념만 다시 한 번 떠올릴 수 있어서 공부 효과가 훨씬 커져.

5. <더 알아보기 119>로 배움을 확장하기

선생님이 직접 고른 책·영상·사이트가 매 꼭지마다 소개되어 있어. 궁금한 내용을 조금 더 깊게 알고 싶거나 호기심이 생긴 부분이 있다면 여기 있는 자료들을 통해 탐구를 이어가 봐. 스스로 공부를 확장하는 힘을 자연스럽게 기를 수 있어.

6. <진로 119> 코너로 배움과 미래를 연결해 보기

각 챕터 끝에는 <진로 119> 코너가 있어. 오늘 배운 내용이 어떤 직업과 연결되는지 알려 주고 내가 좋아할 만한 분야가 무엇인지 생각해 볼 수 있어. 공부와 진로를 따로 떼어 놓지 않고 자연스럽게 이어주는 구성이야.

7. 매일 9분, 꾸준함이 진짜 실력이야

하루 9분은 짧아 보이지만 매일 쌓이면 사고력·문해력·기초 개념·교과 이해도가 놀랍게 자라게 돼. 119 시리즈와 함께 익숙한 교과 내용을 새로운 이야기와 질문으로 만나다 보면 자기만의 공부 루틴이 단단하게 자리 잡을 거야.

머리말

경제는 단순히 돈을 잘 버는 법을 배우는 것만이 아니야. 세상은 매일 경제로 움직이고 그 안에서 우리는 크든 작든 선택을 하며 살아가지. 오늘 아침 어떤 빵을 살지, 휴대폰을 바꿀지, 친구 생일 선물을 뭘로 할지… 이런 모든 선택이 경제와 연결되어 있어.

그래서 나는 교실에서 아이들과 '경제 교실'을 운영하고 있단다. 너희와 함께 교실이라는 작은 세계를 무대로 교실 화폐를 이용해 물건과 서비스를 만들고 소비해 보는 거지.

"선생님, 경제는 어른들이나 배우는 거 아니에요?"라고 묻는 아이들에게 나는 이렇게 말해.

"아니야. 너희가 용돈을 어떻게 모아서 쓰는지 아는 것도 경제야. 그리고 네가 한 소비가 누군가의 삶과 지구 환경까지 바꿀 수 있어."

수업 시간에 '모의 시장'을 열어 본 적이 있어. 아이들이 직접 물건을 만들고 가격을 정하고, 친구들에게 파는 활동이었지. 어떤 친구는 장난감을, 어떤 친구는 그림엽서를 팔았어. 그런데 제일 먼저 완판된 건 공정 무역 초콜릿이었어. "이걸 사면 농부들이 더 행복해진대요!"라며 친구들을 설득했거든. 너희가 이미 '돈 이상의 가치'를 이해하고 있다는 증거였지.

어느 날 경제 교실에서 '에코백 챌린지'를 진행했어. '비닐봉지 없이 일주일 살기'라는 주제였는데 처음엔 "귀찮아요." 하던 아이들이 며칠 뒤 "우리 가족이 이번 주에 비닐봉지 하나도 안 썼어요!"라며 자랑스럽게 이야기하더라. 작은 습관으로 가족을, 그리고 환경을 바꾸는 힘을 보여 준 순간이었지.

경제를 배우면 뭐가 좋을까? 왜 배워야 하지?

첫째, 경제를 배우면 우리는 광고에 휘둘리지 않고 현명한 소비를 할 수 있어. 필요하지 않은 물건을 덜 사는 대신 환경을 지키고 사람을 돕는 소비를 선택할 수 있지.

둘째, 경제를 배우면 돈의 흐름을 이해해 나만의 목표를 세우고 지킬 수도 있어.

셋째, 경제를 배우면 경제 성장의 빛과 그늘을 함께 볼 수 있어. 공장이 많아지면 물건이 늘고 생활이 편해지지만 그만큼 쓰레기와 온실가스가 늘어나 바다와 숲이 병들어 간다는 사실을 깨닫게 되지.

그래서 나는 기회가 생길 때마다 "경제를 아는 건, 지갑을 지키는 일만이 아니라 지구를 지키는 일이기도 해."라고 말한단다.

이 책은 교실에서 아이들과 함께 배우고 실천했던 '살아 있는 경제 이야기'야. 충동구매를 줄이는 방법, 쓰레기를 줄이는 소비 습관, 환경과 사람을 살리는 착한 소비 그리고 경제 성장과 환경보호가 함께 가는 길까지. 너희가 물건을 살 때 잠시 멈춰서 이렇게 물어보면 좋겠어.

"정말 필요한가?"

"내 소비가 누군가를, 그리고 지구를 행복하게 할까?"

작은 질문 하나가 세상을 바꿀 수 있을 거야.

자, 이제 지갑과 지구를 동시에 지키는 여정을 시작해 볼까?

차 례

2부. 편의점 탐구 일지, 24시간이 궁금해

3부. 우리나라 경제는 이렇게 자랐어요

4부. 세계경제 탐험대, 지구 한 바퀴 경제 여행

5부. 지구를 지키는 착한 경제, 우리가 함께 만드는 미래

재미있고 신기한 경제

경제 게임의 숨겨진 비밀: 용돈으로 세상을 지배하는 법

용돈을 받을 때마다 "이걸로 뭘 살까?" 고민하지 않니?
용돈을 받고 사용할 때마다 우리는 이미 거대한 경제 게임에 참여하고 있는 거야!
일상에 숨겨진 신비한 경제의 세계로 함께 떠나 볼까?

학습 키워드 #수요와공급 #가격 #시장 #경쟁 #생산과소비 #화폐 #저축과투자 #인플레이션
교과 연계 중1 > 사회 > 경제생활에서 합리적 선택의 필요성을 이해하고, 비용과 편익을 고려하여
합리적 선택 방안을 탐색한다.

경제가 뭔지 알고 있니? '물건과 돈이 오가는 모든 것'을 경제 활동이라고 해. 마치 게임에서 아이템을 사고파는 거라 생각하면 돼. 예를 들어 너희가 문방구에서 연필을 살 때도 경제 활동에 참여하고 있는 거야. "이 연필로 멋진 그림을 그려서 팔면 대박 나겠다!" 이런 생각이 경제적 사고야.

경제를 이해하기 위해 알아야 할 것

경제에서 가장 중요한 건 '수요와 공급'이야. 수요는 물건을 '갖고 싶은 사람'을 뜻하고, 공급은 '팔고 싶은 사람'을 말해. 예를 들어 여름이 되면 아이스크림을 먹고 싶은 사람이 많아지겠지? 이게 바로 '수요'야. 그러면 아이스크림을 파는 사람도 많아질 거야. 이게 바로 '공급'이

지. 이렇게 아이스크림을 사고파는 활동이 경제를 움직이게 하는 거란다.

경제에선 수요와 공급 말고도 중요한 게 있어. 바로 '가격'이야. 물건의 가격은 수요와 공급에 따라 달라져. 인기 있는 아이돌 굿즈는 비싸지고, 유통기한이 얼마 남지 않은 과자는 싸지는 이유가 바로 이 때문이란다. "어? 이 굿즈 왜 이렇게 비싸졌지?"하고 궁금할 때 있었지? 그건 경제 법칙, 즉 수요와 공급이 영향을 준 거야.

'시장'이란 개념도 중요해. 시장은 물건을 사고파는 곳을 말해. 하지만 꼭 눈에 보이는 장소일 필요는 없어. 요즘은 인터넷 쇼핑몰도 하나의 시장이거든. "오늘은 어느 쇼핑몰에서 쇼핑할까?" 하고 고민할 때 너희는 이미 여러 시장을 비교하고 있는 거야.

'경쟁'도 경제의 중요한 부분이지. 같은 물건을 파는 가게들이 서로 싸게 팔려고 하거나 더 좋은 서비스를 제공하면서 경쟁하는 거야. 게임에서 다른 플레이어와 경쟁하는 것처럼 말이야. "이 과자는 여기가 제일 싸네!" 이런 정보를 찾는 것도 경제 활동의 일부야.

'생산'과 '소비'도 알아 두면 좋아. 생산은 물건을 만드는 거고, 소비는 물건을 사용하는 거야. 너희가 그림을 그리면 그림을 생산하는 거고, 누군가가 그 그림을 사서 집에 걸어 두면 그건 소비 활동을 하는 거야. "내가 그린 그림으로 용돈을 벌 수 있을까?" 이런 생각도 경제적 사고야.

'화폐'는 경제에서 아주 중요해. 옛날에는 물건을 서로 바꾸는 물물 교환을 했지만 지금은 돈을 사용하지. 요즘은 비트코인 같은 가상화폐도 생겼어. "앞으로는 어떤 돈을 쓰게 될까? 게임 머니?" 이런 상상도 경제와 관련이 있어.

마지막으로 '저축'과 '투자'도 중요한 개념이야. 저축은 돈을 모으는 거고, 투자는 모은 돈으로 더 많은 돈을 벌려는 거지. 용돈을 모아서 좋아하는 가수의 앨범을 사는 것도 일종의 투자라고 할 수 있어. "이 앨범은 나중에 비싸게 팔 수 있을 거야!" 이런 생각은 투자 마인드지.

'인플레이션'이라는 말 들어 본 적 있니? 이건 물가가 계속 오르는 현상을 말해. 옛날에 500원이었던 과자가 요즘은 1,000원이 된 이유가 바로 인플레이션 때문이야. "엥? 작년에 샀던 거랑 똑같은데 왜 비싸졌지?" 하고 궁금해진다면 그건 인플레이션, 즉 물가가 오른 것 때문이야.

경제적 사고가 필요한 이유

이처럼 경제는 우리가 생활하는 곳곳에 숨어 있어. 아이스크림을 살지 노트를 살지 고민할 때도, 용돈을 아껴 쓸지 바로 쓸지 결정할 때도 모두가 경제 활동을 하고 있는 거야. "오늘 간식으로 뭘 살까?" 이런 고민도 경제학자들이 연구하는 경제에 관련된 질문이야.

경제에 대해 알면 알수록 신기하고 재미있지 않니? 이제 용돈을 쓸 때마다 이런 것들을 한 번씩 생각해 봐. 그리고 이렇게 상상해 보는 건 어때? "내가 만약 경제부 장관이 된다면 어떤 정책을 펼칠까?" 너희의 아이디어가 미래에 우리나라를 더 멋진 곳으로 만들 수도 있어. 상상만 해도 재미있지 않니?

1. 다음 예문의 괄호 안에 가장 알맞은 것은 무엇일까?

> 물건의 가격은 _____(와)과 _____에 따라 달라진다.

① 경쟁, 시장　　　② 저축, 투자　　　③ 수요, 공급　　　④ 생산, 소비

2. 옛날에 500원이었던 과자가 요즘 1,000원으로 오른 이유는 무엇 때문일까?

----

3. 우리가 일상 속 경제 활동을 어떻게 하면 더 잘할 수 있을지 적어 보자.

----

4. 다음 중 '시장'에 대한 올바른 설명은 무엇일까?

① 반드시 건물이나 장소가 있어야 한다.

② 물건을 사고파는 모든 곳을 말한다.

③ 인터넷 쇼핑몰은 시장이 아니다.

④ 가격이 없는 곳만 시장이라고 한다.

더 알고 싶어 119

📖 도서　　▶ 영상　　🔍 사이트

📖 **『돈의 탄생』** (현대지성, 먀오옌보, 2021)
사람들이 물건을 바꾸던 시절부터 지금의 전자화폐까지, 돈이 만들어지고 발전해 온 여정을 담은 책이야. 돈이 왜 생겼는지, 또 세상을 어떻게 바꿔 놓았는지 궁금하다면 읽어 보자.

🔍 **조개껍데기에서 비트코인까지 '돈의 역사'** (서울경제, 조상인)
조개껍데기부터 비트코인까지, 돈이 어떻게 변해 왔는지 따라가 보자. 시대마다 거래 방식이 달라진 이유를 살펴보면, '돈'이라는 게 단순한 종이쪼가리가 아니라는 걸 알 수 있을 거야.

경제를 왜 알아야 할까?

경제 지식: 우리의 비밀 슈퍼 파워!

마법 학교에 다니는 해리 포터가 부럽다고?
사실 너희에게도 '경제 지식'이라는 마법 같은 힘이 있어. 용돈을 두 배로 불리는 마법,
원하는 걸 더 싸게 사는 비밀, 심지어 미래를 예측하는 능력까지!

학습 키워드   합리적소비 #투자이해 #사회현상파악 #미래예측 #의사결정능력
교과 연계   중1 > 사회 > 일생 동안 이루어지는 경제생활을 분석하고 안정적인 금융 생활을 위한
자산 및 신용 관리 방안을 계획한다.

경제 지식을 알면 좋은 점

경제를 알면 용돈이 마법처럼 불어날 수 있어. 어떻게? 예를 들어 물건 가격이 언제 오르내리는지 알면 더 쌀 때 살 수 있겠지. "어? 이 과자 가격이 올랐네. 다음 주에 세일할 때 사야겠다!" 이렇게 현명한 소비를 하면 용돈이 절약되는 거야.

경제를 알면 돈 버는 법도 알게 돼. 게임 아이템을 사고팔 때도 경제 원리가 적용되거든. "이 아이템, 지금은 싸지만 나중에는 비싸질 것 같아. 지금 사 두면 이득일 거야!" 이런 생각만으로도 돈을 버는 거잖아. 마치 게임 속 상인이 된 것 같지 않니? 이렇게 경제를 알면 세상을 더 잘 이해할 수 있어.

'경제 지식'은 미래를 준비할 때 꼭 필요한 지식이야. 어떤 직업이

뜨고 지는지, 어떤 산업이 성장할지 미리 예측할 수 있거든. "인공지능이 발전하면 내가 하고 싶은 일도 영향을 받겠네. 그에 맞춰 준비해야겠다!" 이런 식으로 미래를 대비할 수 있지.

경제를 알면 더 현명한 결정을 내릴 수도 있어. 예를 들어 새 핸드폰을 살지 말지 고민될 때 경제 지식이 도움이 돼. "지금 사면 비싸지만, 기다리면 가격이 내려갈지도 몰라. 그때까지 참아 볼까?" 이런 식으로 더 합리적인 선택을 할 수 있지.

사회 문제를 이해하는 데도 경제 지식이 필요해. 왜 어떤 사람들은 부자이고 어떤 사람들은 가난한지 경제를 알면 이해할 수 있지. "아, 이런 이유 때문에 빈부 격차가 생기는구나." 하고 이해하면 해결 방법도 찾을 수 있을 거야.

환경 문제도 더 잘 이해할 수 있어. 왜 회사들이 환경을 해치면서까지 물건을 만드는지, 왜 사람들이 그런 물건을 사는지 알 수 있지. "회사는 돈을 벌려고 물건을 만들고, 사람들은 물건이 싸서 사는구나. 그럼 어떻게 해야 환경을 지킬 수 있을까?" 이런 고민도 할 수 있게 되거든.

경제를 알면 창업의 꿈도 키울 수 있어. 어떤 사업 아이디어가 성공할 수 있을지, 어떻게 회사를 운영해야 할지 알 수 있거든. "우리 동네에 이런 가게가 없네. 내가 차려 볼까?" 이런 생각을 한다면 창업에 도전할 수도 있지.

투자에 대해서도 배울 수 있어. 어른들이 왜 주식에 관심 있어 하는지, 비트코인 같은 가상화폐가 뭔지 이해할 수 있지. "이렇게 하면 돈을 불릴 수 있구나. 나도 크면 해 봐야지!" 하며 미래를 미리 준비하는 거야!

정부 정책을 이해하는 데도 경제 지식이 필요해. 정부가 왜 이런저런 정책을 내놓는지 알 수 있어. "정부가 이런 이유로 이 정책을 폈구나.

그럼 우리 생활은 어떻게 변할까?"이런 식으로 국가 정책의 영향도 예측할 수 있단다.

광고의 숨은 의도도 알 수 있어. 기업들이 왜 그런 광고를 만드는지, 어떻게 우리를 설득하려 하는지 파악할 수 있지. "이 광고는 우리의 이런 심리를 이용하는 거구나. 현명하게 판단해야겠다!" 이렇게 생각하다 보면 더 똑똑한 소비자가 될 수 있어.

마지막으로, 경제를 알면 더 나은 세상을 만드는 데 기여할 수 있어. 어떻게 하면 모두가 잘살 수 있을지, 어떻게 하면 환경도 지키면서 발전할 수 있을지 고민할 수 있지. 너희의 아이디어로 세상을 바꿀 수 있다니까.

미래를 준비하기 위해 필요한 경제 지식

경제가 얼마나 중요한지 이제 알겠지? 용돈 쓰는 것부터 미래 직업을 선택하는 것까지, 경제는 우리 생활 곳곳에 숨어 있어. 경제를 알면 일상이 더 재미있어질 거야. 마트에 가서 물건을 살 때도 "왜 이 가격일까?" 생각해 볼 수 있고, 새로운 기술이 나왔을 때 "이게 우리 생활을 어떻게 바꿀까?" 상상해 볼 수 있어. 무엇보다 경제를 알면 미래를 더 잘 준비할 수 있어. 어떤 공부를 해야 할지, 어떤 꿈을 꿔야 할지 결정하는 데 큰 도움을 줄 거야.

이처럼 경제 지식은 멋진 미래를 만들 수 있는 우리의 비밀 슈퍼 파워야. 어떤 마법을 먼저 부려 볼까? 용돈 두 배로 불리기? 새로운 사업 아이디어 떠올리기? 세계 평화 실현하기? 너희의 상상력을 마음껏 펼쳐 보자.

1. 다음 중 경제 지식을 키워야 하는 이유와 관련이 적은 것은 무엇일까?

① 어떤 직업이 뜨고 지는지 미리 알 수 있기 때문이다.
② 최신 핸드폰을 가장 합리적으로 사는 방법을 알 수 있기 때문이다.
③ 빈부 격차를 해결하는 방법을 알 수 있기 때문이다.
④ TV 광고에 나오는 물건을 왜 만드는지 알 수 있기 때문이다.

2. 경제 지식을 알고 있다면 어떤 면에서 도움이 되는지 적어 보자.

- -

- -

- -

3. 경제 지식이 우리의 삶에 어떤 영향을 미치는지 주변의 사례를 찾아서 적어 보자.

- -

- -

- -

4. 다음 중 경제 지식을 알면 할 수 있는 일이 아닌 것은 무엇일까?

① 미래에 뜰 직업을 예측할 수 있다.
② 새 핸드폰을 살 적절한 시기를 판단할 수 있다.
③ 게임 아이템의 가격 변화를 예측할 수 있다.
④ 맛있는 과자를 직접 만드는 방법을 배울 수 있다.

더 알고 싶어 119
📖 도서   ▷ 영상   🔍 사이트

🔍 **청소년도 당당한 소비자, '윤리적' '합리적' '현명한' 소비 어떻게 하면 좋을까요 (소년중앙, 2021)**
청소년도 멋진 소비자가 될 수 있대. 그냥 사는 게 아니라, 왜 사고 어떻게 쓰는지가 더 중요하지. '윤리적 소비'나 '합리적 소비'가 왜 필요한지 직접 느껴 보자.

▷ **어떻게 소비하는 것이 바람직한가요? (한국은행)**
내가 한 소비가 나뿐만 아니라 사회에도 영향을 준다는 사실, 생각해 본 적 있어? 올바른 소비 습관이 결국 우리 경제를 건강하게 만든대.

선택도 경제 원칙이야

선택의 달인 되기: 용돈 100만 원의 비밀

갑자기 100만 원이 생긴다면 무엇부터 사야 할까?
최신 스마트폰? 좋아하는 아이돌 콘서트 티켓? 잠깐, 너희가 뭘 선택하든
그건 모두 경제 활동에 참여하는 거야! 우리가 매일 하는 선택이 모두 경제와
연결되어 있기 때문이지. 지금부터 선택의 달인이 되기 위해 필요한 것들을 알아보자!

학습 키워드 #희소성 #기회비용 #한계효용 #매몰비용 #비교우위
교과 연계 중1> 사회 > 경제생활에서 합리적 선택의 필요성을 검토하고 비용과 편익을 고려한
합리적 선택 방안을 탐색한다.

경제적 선택이 중요한 이유

경제학에서는 왜 '선택'이 중요할까? 그건 바로 우리가 가진 것이 한정되어 있기 때문이야. 용돈을 써야 할 곳은 한정되어 있고, 시간도 24시간밖에 없잖아. 그래서 우리는 계속 선택을 해야 해. "오늘 PC방 갈까, 아니면 영화 볼까?" 이런 고민, 자주 하지 않니? 이게 바로 경제적 선택이야.

경제학자들은 이런 걸 '희소성'의 상황이라고 불러. 쉽게 말해 원하는 건 많은데 가진 건 적다는 거지. 마치 게임에서 아이템은 많은데 인벤토리 공간은 부족한 것처럼 말이야. "아, 이 아이템도 갖고 싶고 저것도 갖고 싶은데… 뭘 버려야 하지?" 경제학자들도 매일 이런 고민을 한다니까!

우리는 뭔가를 선택하면 다른 건 포기해야 해. 포기한 것 중에 가장 가치 있는 걸 '기회비용'이라고 한대. 예를 들어 비싼 운동화를 샀다면 좋아하는 아이돌 콘서트에는 못 갈 수 있잖아. 이때 콘서트 입장료가 기회비용이 되는 거지.

또 '한계효용'이란 것도 있어. 뭔가를 계속 얻으면 얻을수록 추가로 얻는 만족감이 줄어드는 걸 말해. 처음 먹은 아이스크림은 정말 맛있지만, 세 번째 먹을 땐 그저 그렇잖아. 이게 바로 한계효용이야.

'매몰비용'도 중요해. 이미 쓴 돈이나 시간은 돌아오지 않는 걸 말하지. 재미없는 영화를 볼 때 '돈 주고 봤으니까 끝까지 봐야지.'라고 생각하는 거 말이야. 하지만 경제학자들은 "이미 쓴 돈은 잊고 앞으로의 선택에 집중해!"라고 말하기도 해. "그럼 재미없는 영화는 그만 보고 나가도 되는 거였어?"

'비교우위'라는 것도 있어. 이건 '상대적으로 잘하는 것'을 말해. 예를 들어 영희는 수학은 반에서 1등이고, 영어는 2등이야. 그러면 영희는 수학에 비교우위가 있는 거지. 뭐라고? 너는 게임에 비교우위가 있다고?

'규모의 경제'도 재미있는 개념이야. 많이 만들수록 하나 만드는 비용이 줄어드는 걸 말해. 붕어빵을 100개 만들 때보다 1,000개 만들 때 한 개 만드는 비용이 더 싸지는 거지.

'수요와 공급'도 중요해. 사람들이 많이 원할수록(수요), 그리고 물건이 적을수록(공급) 가격이 올라가게 돼. 예를 들어 새 아이돌 굿즈가 나오면 사람들이 많이 사고 싶어 하니까 가격이 비싸지는 거지. 그래서 너희가 좋아하는 아이돌 굿즈가 비싼 거야.

'기대효용'이라는 것도 있어. 이건 미래에 얻을 수 있는 이익을 예상하는 걸 말해. 지금 공부를 열심히 하면 나중에 좋은 대학에 갈 수 있다고 생각하는 거지.

'행동경제학'은 사람들이 항상 합리적으로 행동하지 않는다는 걸 연구하는 학문이야. 왜 우리는 필요 없는 물건을 충동적으로 구매하는 걸까? 이런 걸 연구한다는 말이야.

마지막으로 새로운 기회를 찾고 도전하는 '기업가 정신'이 있어. 예를 들어 학교 앞에 맛있는 간식 가게가 없다는 걸 알고 직접 간식 가게를 여는 걸 말해.

현명한 경제적 선택을 위해

이제 경제적 선택이 얼마나 중요한지 알겠지? 용돈을 어떻게 쓸지, 시간을 어떻게 보낼지, 심지어 어떤 과목을 더 열심히 공부할지 생각하는 것도 모두 경제적 선택을 하고 있는 거야.

앞에서 설명한 경제 원칙들을 이해하면 더 현명한 선택을 할 수 있어. 다음에 뭔가를 사거나 시간을 어떻게 보내야 할지 고민될 때, 이런 것들을 한번 생각해 봐. "이걸 선택하면 무얼 포기해야 하지? 이게 정말 나에게 가장 가치 있는 선택일까?" 이렇게 생각해 보는 거야. "내가 만약 경제학자라면 어떤 선택을 할까? 어떻게 하면 나와 다른 사람 모두에게 이익이 되는 선택을 할 수 있을까?" 너희의 현명한 선택으로 세상을 더 좋게 만들 수 있을지도 모르거든.

1. 다음 중 '뭔가를 계속 얻으면 얻을수록 추가로 얻는 만족감이 줄어드는 것'을 뜻하는 경제용어는 무엇일까?

① 기회비용 　　 ② 한계효용 　　 ③ 매몰비용 　　 ④ 비교우위

2. '사람들이 필요 없는 물건을 충동적으로 구매하는 이유'를 연구하는 학문은 무엇일까?

----

3. 최근에 했던 경제적 선택에 대해 사례를 들어 적어 보자

----

4. 빈칸에 들어갈 알맞은 경제 용어를 찾아 써 보자.

이미 써 버려서 다시 돌려받을 수 없는 돈이나 시간 ＿＿＿＿＿＿＿

 더 알고 싶어 119

📖 도서 　▷ 영상 　🔍 사이트

📖 『청소년을 위한 경제의 역사』 (니콜라우스 피퍼, 비룡소, 2024)
사람들이 어떻게 살아남고 잘살기 위해 경제 제도를 만들어 왔는지 알려 주는 책이야. 시대마다 달라진 경제의 모습 속에서 지금의 세상이 왜 이런 구조가 되었는지 이해해 보자.

▷ 자원의 희소성과 합리적 선택 (한국은행)
세상에 무한한 자원은 없대. 한정된 자원 속에서 우리는 늘 선택을 해야 하지. 그 선택의 기준이 뭔지, 어떻게 더 현명하게 결정할 수 있을지 함께 생각해 보자.

선택에 발생하는 기회비용

기회비용의 비밀: 내가 포기한 아이스크림의 반란

주말에 친구와 영화를 보러 갔는데 영화관 앞에서 갑자기 고민이 생겼어.
"팝콘을 살까, 아이스크림을 살까?" 결국 팝콘을 선택했지. 그런데 말이야.
아이스크림을 포기한 그 순간, 너희는 '기회비용'이라는 경제의 비밀 무기를 사용한 거란다.

학습 키워드 #기회비용 #선택과포기 #일상속경제 #현명한선택
교과 연계 초6> 사회 > 생산과 소비 활동에서 선택의 의미와 중요성을 이해하고 합리적인
소비 생활을 실천한다.

우리 주변에 숨어 있는 기회비용

'기회비용'이 뭔지 아니? 쉽게 말해 '뭔가를 선택하면서 포기한 것 중 가장 가치 있는 것'을 말해.

기회비용은 우리 일상 곳곳에 숨어 있어. 학원 갈 시간에 게임을 했다면? 게임의 기회비용은 학원에서 배울 수 있었던 지식이야. "헉, 그럼 내가 게임할 때마다 뭔가를 포기하고 있었던 거야?" 맞아. 우리는 매일 모르는 사이에 선택하기도 하고 포기도 하고 있었어.

재미있는 건, 기회비용에는 돈만 포함되는 게 아니라는 거야. 시간, 노력, 즐거움 등 모든 게 다 기회비용이라고 할 수 있어. 예를 들어 늦잠 자는 대신 일찍 일어나 운동을 했다면? 늦잠의 기회비용은 건강과 상쾌한 아침이 되는 거지. "그래서 엄마가 늦잠 자지 말라고 하시는 거구나!"

기회비용을 생각하면 더 현명한 선택을 할 수 있어. 비싼 한정판 운동화를 살까, 좋아하는 가수의 콘서트를 다섯 번 갈까? 고민 중이라고? "잠깐, 운동화 하나에 콘서트를 다섯 번이나 포기한다고? 이건 좀 심각한데…."

심지어 공부를 할 때도 기회비용이 있어. 수학 문제를 하나 풀 때, 우리는 그 시간에 할 수 있는 다른 모든 것들을 포기하는 거야. 좋아하는 유튜브 영상을 볼 수도 있었지만 기회비용으로 포기한 거지.

하지만 기회비용만 너무 생각하다 보면 아무것도 못 하게 될 수도 있어. "이걸 하면 저걸 못 하고, 저걸 하면 이걸 못 하고… 아무것도 못 하겠어!" 이런 생각이 들 때는 잠깐 머리를 식히면서 가장 중요한 걸 선택하는 게 좋아.

기회비용을 잘 활용하려면

기회비용을 잘 활용하면 용돈 관리의 달인이 될 수도 있어. 비싼 과자 하나 살 돈으로 맛있는 라면을 세 개나 살 수 있다면? "오, 이거 완전 이득인데?"

친구들과 놀 때도 기회비용을 생각할 수 있어. 피시방에서 3시간 동안 게임을 한다면, 그 시간에 할 수 있는 다른 재미있는 활동들을 모두 포기하는 거야. 심지어 잠잘 때도 기회비용이 있어. 밤늦게까지 잠을 안

자면 다음 날 아침에 피곤하겠지? 늦게 자는 기회비용은 다음 날의 컨디션이야. "그래서 아침에 일어나기가 그렇게 힘들었구나!"

기회비용은 미래를 위한 투자에도 중요해. 지금 공부하는 시간의 기회비용은 당장의 놀이 시간이지만, 그 대가로 좋은 성적과 미래의 기회를 얻을 수 있거든. "그럼 지금 공부하는 건 미래를 위한 투자인 거네!"

재미있는 건, 기회비용은 사람마다 다를 수 있어. 어떤 사람에겐 큰 기회비용이 다른 사람에겐 별거 아닐 수 있기 때문이야. 운동을 좋아하는 친구에게는 체육 시간의 기회비용이 작겠지만, 운동을 싫어하는 친구에겐 크겠지. "아하, 그래서 사람마다 좋아하는 게 다른 거구나!"

기회비용을 이해하면 다른 사람의 선택도 더 잘 이해할 수 있어. 왜 어떤 친구는 학원에 안 가고 운동만 할까? 그 친구에겐 운동의 가치가 학원보다 크기 때문이야.

마지막으로, 기회비용을 알면 후회도 줄일 수 있어. 왜냐하면 선택할 때 이미 다른 것들을 포기한다는 걸 알고 선택했기 때문이지.

이제 기회비용이 얼마나 중요한지 알겠지? 우리가 매일 하는 선택들 뒤에는 항상 기회비용이 숨어 있어. 용돈을 어떻게 쓸지, 시간을 어떻게 보낼지, 심지어 점심에 뭘 먹을지 고를 때도 기회비용을 생각하고 있는 거야.

이제 너희는 기회비용의 달인이 됐어. 다음에 무언가를 선택해야 할 때, "이걸 선택하면 무엇을 포기하는 걸까? 그 포기하는 것의 가치는 얼마나 될까? 이게 정말 내게 최선의 선택일까?"하고 생각해 보는 게 어때? 너희가 선택한 것을 당당하게 설명할 수 있다면, 그게 바로 최고의 선택인 거야.

1. 늦잠 자는 대신 일찍 일어나 운동을 했다면, 늦잠의 기회비용은 다음 중 무엇일까?

　① 건강과 상쾌한 아침　　　　　　② 좋아하는 가수의 콘서트

　③ 유튜브 영상 보기　　　　　　　④ 재미있는 게임하기

2. 기회비용이 사람마다 다른 이유는 무엇 때문일까?

----

3. 학원을 다니는 대신 운동을 하기로 선택했다면, 이때 발생하는 기회비용은 무엇일까? 그리고 이러한 선택이 미래에 어떤 영향을 미칠 수 있을까?

----

4. 다음 낱말을 바르게 배열해 기회비용과 관련된 중요한 경제 용어를 만들어 보자.

　힌트 원하는 건 많지만 가진 건 적은 상황을 말해.

소　　희　　성

👍 **더 알고 싶어 119**　　　📖 도서　▷ 영상　🔍 사이트

🔍 **선택은 공짜가 아니다? 결정의 대가, '기회비용'** (어린이경제신문, 2023)
무언가를 고를 땐 항상 포기하는 게 생기지. 그게 바로 '기회비용'이야. 왜 모든 선택에는 대가가 따르는지, 우리의 결정이 어떤 의미를 갖는지 알아보자.

▷ **현명한 선택, 기회비용** (기획재정부)
선택할 때마다 손익을 비교해 보는 건 어쩌면 당연한 일이야. 기회비용을 고려하면 시간, 돈, 에너지를 훨씬 더 효율적으로 쓸 수 있대.

현명한 선택을 하려면?

현명한 선택의 달인 되기: 우리의 비밀 초능력

마법 학교에 다니는 해리 포터가 부럽니? 사실 우리에게도 마법 같은 힘이 있어.
바로 '현명한 선택'을 하는 능력이지! 용돈을 두 배로 불리는 마법, 시간을 멈추는 비밀,
심지어 미래를 바꾸는 능력까지! 믿기 어렵다면 현명한 선택의 세계로 모험을 떠나 보자.

학습 키워드 #정보수집 #우선순위설정 #기회비용고려

교과 연계 중1 > 사회 > 경제생활에서 합리적 선택의 필요성을 검토하고 비용과 편익을 고려한
합리적 선택 방안을 탐색한다.

현명한 선택을 하기 위해 필요한 것

현명한 선택을 하려면 어떤 것들을 익혀야 할까?

먼저 '정보 수집'이 중요해. 마치 게임에서 아이템을 고를 때 꼼꼼히 살펴보는 것처럼 말이야. 새 운동화를 살 때도 여러 신발을 비교해 보잖아. "이 운동화는 가볍지만 비싸고, 저 운동화는 싸지만 무겁네. 음… 뭘 선택하지?" 이렇게 고민하는 순간, 너희는 이미 현명한 선택을 향해 한 걸음 나아가고 있는 거야.

그다음 중요한 건 '우선순위'를 정하는 거야. 모든 걸 다 가질 순 없으니까. "공부해야 하는데 게임도 하고 싶고 유튜브도 보고 싶어… 뭘 먼저 할까?" 이럴 때 우선순위를 정할 수 있다면 시간 관리의 달인이 될 수 있어!

'기회비용'도 생각해야 해. 뭔가를 선택하면 다른 걸 포기해야 하니까. "이 과자를 사면 저 음료수는 못 사는구나." 이렇게 생각하는 순간 너희는 경제학자처럼 생각하고 있는 거야!

'장기적인 영향'을 고려하는 것도 중요해. 당장은 좋아 보이지만 나중에 후회할 수 있거든. "지금 이 옷을 사면 멋지겠지만 한 달 뒤에는 입을 데가 없을 것 같아." 이렇게 생각할 수 있다면 너희는 이미 미래를 내다보는 능력을 가진 거야. '객관성'을 지키는 것도 잊지 마. 감정에 휘둘리지 않고 냉철하게 판단해야 해. "이 한정판 굿즈, 갖고 싶긴 한데 정말 필요할까?" 이렇게 자신의 상황을 객관적으로 바라볼 수 있다면 너희는 이미 현명한 선택의 달인이 된 거야.

현명한 선택의 달인이 되자!

'조언 구하기'도 좋은 방법이야. 다른 사람의 의견을 들으면 새로운 시각을 얻을 수 있어. "엄마, 이거랑 저거 중에 뭐가 더 좋을까요?" 이렇게 물어보는 걸 부끄러워하면 안 돼. 아주 현명한 행동이니까 말이야! '실험해 보기'도 중요해. 작은 규모로 시도해 보고 결과를 보는 거지. 게임을 할 때 연습 모드에서 먼저 시도해 보는 것처럼 말이야. 때로는 '직관 믿기'도 중요해. 머리로 생각하는 것보다 가슴이 시키는 대로 하는 게 더 좋을 때가 있거든. "이유는 모르겠지만 이게 더 좋을 것 같아!" 이런 생각이 들면 무시하지 마! 직관은 때로 놀라운 힘을 발휘할 수 있어!

'유연성 유지하기'도 잊지 마. 상황이 바뀌면 선택도 바꿀 줄 알아야 해. "생각해 보니까 이게 더 나은 것 같아. 선택을 바꿔야겠어." 이렇게 유연하게 생각할 수 있다면, 너희는 이미 적응의 달인이 된 거야!

마지막으로, '자기 이해'가 필요해. 뭘 좋아하고 싫어하는지, 어떤 가치관을 가졌는지 스스로 깨달아야 해. 자신을 잘 알고 있다면, 이미 인생의 주인공이 된 거나 다름없어!

현명한 선택을 하기 위해 필요한 방법, 재미있었니? 이 모든 걸 익힐 수 있다면 현명한 선택의 달인이 될 수 있어. 용돈을 쓸 때, 시간을 어떻게 보낼지 결정할 때, 점심에 뭘 먹을지 고를 때도 이런 것들을 먼저 생각해 봐. 현명한 선택을 하면 멋진 미래를 만들어 갈 수 있을 거야.

1. 다음 중 현명한 선택을 하기 위해 생각해야 할 것이 아닌 것은 무엇일까?

   ① 우선순위 정하기   ② 정보 수집하기

   ③ 단기적인 영향 고려하기   ④ 기회비용 생각하기

2. 때로는 머리로 생각하는 것보다 가슴이 시키는 대로 하는 게 더 좋은 이유는 무엇일까?

   _____

   _____

   _____

   _____

3. 현명한 선택을 위해 필요한 정보들은 어떻게 수집하고 분석할 수 있을까?

   _____

   _____

   _____

   _____

4. 다음 상황 중 '유연성 유지하기'에 해당하는 것은 무엇일까?

   ① 처음 계획한 대로 끝까지 밀어붙인다.

   ② 상황이 바뀌면 선택을 바꾼다.

   ③ 다른 사람의 의견을 무조건 따른다.

   ④ 마음이 가는 대로만 행동한다.

더 알고 싶어 119

 📖 도서   ▶ 영상   🔍 사이트

🔍 **'합리적인 선택'을 하기 위해 무엇을 고려해야 할까요? (동아일보, 2022)**
'좋아 보이는 것'만 고르다 보면 후회하는 경우가 많지? 합리적인 선택은 여러 조건을 비교하고 판단하는 데서 시작된대. 현명한 소비로 이어지는 첫걸음이지.

▶ **경제생활과 선택 - 합리적 선택을 위한 기회비용 (클래스로그)**
기회비용은 선택의 기준을 세우는 핵심 개념이야. 무엇을 포기하고 무엇을 얻을지를 따져 보면 그 선택이 왜 중요한지 더 잘 보일 거야.

Week2 • 06일차  ☐ 년 ☐ 월 ☐ 일

마트가 편의점보다 싼 이유

마트 vs 편의점: 가격 배틀의 비밀

편의점에서 1,500원 주고 산 과자를 마트에서 1,000원에 팔고 있는 거 본 적 있지?
마트가 더 싸다는 걸 알고 있지만, 왜 그런지 궁금하지 않았니?
마트와 편의점의 가격 차이에 숨겨진 비밀을 함께 알아볼까?

학습 키워드 #대량구매 #규모의경제
교과 연계 중1 > 사회 > 일생 동안 이루어지는 경제생활을 분석하고 안정적인 금융 생활을 위한
자산 및 신용 관리 방안을 계획한다.

마트와 편의점의 가격 차이

마트가 편의점보다 싼 첫 번째 비결은 '대량 구매'야. 마트는 한꺼번에 엄청나게 많은 양의 상품을 사서 상품 하나당 가격을 뚝! 떨어뜨리지. 경제학자들은 이걸 '규모의 경제'라고 부른대. 과자 공장에서 과자 1,000개를 살 때와 10개를 살 때는 가격이 다르겠지? 당연히 1,000개를 살 때 개당 가격이 더 싸겠지. 마트는 이렇게 많이 샀기 때문에 싸게 팔 수 있는 거야.

두 번째 비결은 마트의 '넓은 공간'이야. 마트는 보관할 수 있는 공간이 어마어마하게 넓어. 그 덕분에 과자부터 라면, 심지어 TV까지 다양한 물건을 한꺼번에 팔 수 있지. 여러 가지를 팔면 하나가 안 팔려도 다른 걸로 부족한 부분을 메꿀 수 있어. 오늘 아이스크림이 잘 안 팔리더라

32

도 라면이나 과자가 잘 팔리면 괜찮은 거지. 편의점은 공간이 좁아서 이렇게 하기 어려워.

세 번째 비결로 마트는 '인건비'를 아낄 수 있어. 마트에 가면 셀프 계산대를 많이 볼 수 있잖아. 직원이 줄어들면 그만큼 돈을 아낄 수 있어. 반면에 편의점은 24시간 운영하느라 직원이 계속 자리를 지켜야 해. 마트는 영업시간이 정해져 있고 한 번에 많은 손님을 받을 수 있어서 직원 수를 줄일 수 있지.

마트만의 특별 무기인 'PB 상품'도 있어. PB는 'Private Brand'의 줄임말로, 마트에서 직접 만든 상품을 말해. 마트가 직접 만든 상품은 유명 브랜드 제품보다 훨씬 더 싸단다. 마트가 직접 만들어서 중간 유통 단계를 줄였기 때문이지.

'회원 할인'도 마트의 비밀 병기야. 마트 회원 카드가 있다면 할인받을 수 있는데, 이는 단골손님에게 특별한 혜택을 주는 거야. 회원에게 혜택을 주면서 마트에 고객들이 계속 찾게 만드는 거란다. 그러면 물건이 많이 팔리니까 가격을 더 낮출 수 있는 거지. 이것도 일종의 선순환이라고 할 수 있어.

마지막으로 마트의 '위치'도 중요해. 마트는 차로 가기 쉬운 곳에 있어서 물건을 운반하기 편해. 물건을 운반하는 비용이 적게 들면, 그만큼 물건 가격을 낮출 수 있거든. 편의점은 동네 구석구석에 있어서 물건 운반 비용이 더 많이 들 수밖에 없어.

편의점의 장점

하지만 편의점은 편의점만의 장점이 있어. 밤늦게 과자가 먹고 싶을 때 마트는 문을 닫았지만 편의점은 24시간 열려 있잖아? 이런 '편리함' 때문에 우리는 비싸도 가끔 편의점을 찾는 거야. 또 편의점은 집 근처에 있어서 급하게 필요한 물건을 살 때 정말 편리하지. 시간과 교통비를 생각하면 가까운 편의점이 때론 더 경제적일 수 있어.

결국 마트와 편의점의 가격 차이는 이런 여러 이유가 복합적으로 작용했기 때문에 생긴 거란다. 다음에 마트나 편의점에 갈 때, 이런 차이들을 한번 생각해 보는 건 어떨까? 너희도 언젠가 이런 전략을 사용하는 멋진 사업가가 될 수 있을지도 몰라.

1. 다음 중 마트가 편의점보다 싼 이유가 아닌 것은 무엇일까?

　① 보관할 수 있는 공간이 넓다.　　② 직원이 많다.

　③ 대량으로 상품을 구입한다.　　④ 차를 타고 가야 한다.

2. 마트에서 직접 만들어 중간 유통 단계를 줄인 상품을 뭐라고 할까?

----

3. 마트와 편의점에서 같은 상품(예: 우유 1리터)의 가격 차이가 얼마나 나는지 비교해 보고 왜 그런지 너희의 생각을 적어 보자.

　힌트 직접 조사한 가격 차이와 그 이유를 작성하자.

----

4. 다음 상황에서 너라면 어디서 살까? 이유도 함께 적어 보자. (마트와 편의점 중 선택)

> 밤 10시에 과자가 먹고 싶은데, 집에서 마트까지는 버스로 20분, 편의점은 걸어서 3분 거리야. 마트에서는 과자를 1,500원에 살 수 있고, 편의점에서는 2,000원에 살 수 있어. 버스 왕복 교통비는 1,200원이야.

 더 알고 싶어 119

📖도서　▶영상　🔍사이트

🔍 **슈퍼에서 사면 900원인데 '여기'는 1500원…그래도 난 편의점에 간다** (서울경제, 남윤정) 비싸도 편의점을 찾는 이유, 한 번쯤 궁금했지? 단순히 가격이 아니라 '편리함'이나 '시간의 가치' 같은 다른 요소들이 선택을 바꾸는 거야.

🔍 **같은 제품인데… 대형 마트·편의점 가격차 최대 51.5%** (한국경제TV ,박승완) 똑같은 물건이라도 어디에서 사느냐에 따라 가격이 달라. 유통 구조, 입지, 마케팅 전략까지 소비자의 선택을 움직이는 요인들을 함께 살펴보자.

마트에서 세일 전단지가 왔어

할인의 춤을 추는 마트 탐험: 엄마의 지갑을 지키는 꿀팁 대방출

우편함에 마트 세일 전단지가 들어 있는 거 본 적 있니?
그걸 보면 엄마는 왜 신이 나시는 걸까? 오늘은 그 비밀을 파헤쳐 볼 거야.
마트의 세일 전단지 속에 숨겨진 재미있는
경제 이야기, 함께 살펴볼까? 용돈을 두 배로 불릴 수 있는 비법도 알려 줄게.

학습 키워드　#세일전단지　#손님유치　#재고처리　#브랜드홍보
교과 연계　초6 > 사회 > 금융 거래의 필요성을 이해하고 용돈이나 저축을 관리하는 방법을 탐색한다.

마트 전단지의 역할

마트에서는 왜 세일 전단지를 만들어서 우리 집에 보내는 걸까? 그냥 가게 앞에 세일한다고 붙여 놓으면 되는 거 아닌가? 여기에 마트의 첫 번째 꼼수가 숨어 있어. 바로 '손님 유치'야. 만약 학교 앞 문방구에서 아이돌 굿즈를 반값에 판다고 하면 어떨 것 같아? 당장 친구들이랑 뛰어가겠지? 마트도 똑같아. "우와, 우리 집 근처 마트에서 내가 좋아하는 아이스크림이 반값이래!" 하면서 사람들이 몰려들기를 바라는 거야.

그런데 마트에서는 세일하는 물건을 사러 온 사람들이 다른 물건도 사 가기를 바라고 이런 전단지를 만드는 거야. 일단 사람들이 마트에 와야 물건을 사게 되니까. 그래서 세일 상품을 진열할 때 살짝 꼼수를 부리지. 어떤 꼼수일까? 세일 상품을 찾으려면 마트를 한 바퀴 돌아야

찾을 수 있게 만드는 거야. 세일 물건을 찾으러 마트를 돌아다니다 보면 "어? 이것도 필요한데?" 하면서 다른 물건들도 장바구니에 담게 되거든.

그리고 또 하나! 마트에는 빨리 팔아야 하는 물건들이 있어. 유통기한이 다가오는 과자나 계절이 지나간 옷 같은 것들이지. 이런 물건들을 어떻게 하면 빨리 팔 수 있을까? 맞아. 세일을 하는 거야. 이걸 '재고 처리'라고 해.

가끔 새로 나온 과자나 음료수도 세일 전단지에 실려 있는 걸 본 적 있지? 이건 또 다른 전략이야. 새 상품을 사람들에게 알리려는 거지. 싸게 팔아서 많은 사람들이 사 보게 하려는 거야. 먹어 보고 맛있으면 다음에 또 사게 되겠지? 이걸 '브랜드 홍보'라고 해.

전단지 슬기롭게 활용하기

자, 이제 이 세일 전단지를 어떻게 슬기롭게 활용하면 좋을지 알아볼까? 먼저 세일 전단지를 보고 "와, 이거 싸다!" 하고 마트로 달려가기 전에 정말 필요한 물건인지 한 번 더 생각해 보는 거야. 필요 없는 걸 사면 그건 할인받은 게 아니라 돈을 낭비하는 거야.

만약 꼭 사고 싶은 게 있다면, 다른 마트 전단지와 비교해 보는 것도 좋아. 어떤 마트가 더 싼지 알 수 있거든. 요즘은 인터넷으로도 쉽게 가격 비교를 할 수 있어.

세일 기간도 꼭 체크해야 해. 기간을 놓치면 정상 가격으로 사야 할 수도 있으니까 말이야. 그리고 세일한다고 해서 너무 많이 사는 것도 조심해야 해. 특히 유통기한이 짧은 음식은 더더욱 그렇지.

마지막으로 마트에 가기 전에 사야 할 물건 리스트를 미리 만들어 봐. 그러면 충동구매를 피할 수 있어. 마트에 가면 이것저것 사고 싶은 유혹이 들겠지만, 리스트에 있는 것만 사 오는 거야. 이런 것들을 잘 지킨다면 너희는 훌륭한 경제 전문가라고 할 수 있어!

세일 전단지를 통해 살펴본 경제! 재밌지 않니? 다음에 세일 전단지를 보면 여기서 배운 것들을 한 번쯤 떠올려 보는 거 잊지 마! 가장 중요한 건 '이게 정말 필요한가?'를 항상 따져 보는 거야.

이제 너희는 마트 세일 전단지 전문가가 되었어! 여기서 배운 지식을 활용해서 용돈도 아끼고, 현명한 소비자가 되어 보는 건 어떨까? 다음에 부모님과 마트에 갈 때, 이런 팁들을 알려 드려 봐. 분명 너희의 경제 지식에 깜짝 놀라실 거야.

1. 다음 중 마트에서 세일 전단지를 만드는 이유가 아닌 것은 무엇일까?

① 손님들을 모으기 위해서

② 유통기한이 다가오는 물건을 빨리 팔기 위해서

③ 좋은 물건이 많다는 것을 자랑하기 위해서

④ 새로 나온 과자를 알리기 위해서

2. 마트에서 충동구매를 줄일 수 있는 방법은 무엇일까?

3. 마트의 세일 전단지가 소비자의 물건 구매 결정에 어떤 영향을 미치고 있는지 생각을 적어 보자.

4. 세일 전단지를 보고 마트에 간 상황이야. 다음 중에서 가장 현명한 행동은?

① 전단지에 있는 모든 세일 상품을 장바구니에 담는다.

② 필요한 물건인지 확인하고, 다른 마트 가격과 비교한 뒤 산다.

③ 세일 상품이 어디 있는지 보지도 않고 돌아다니며 물건을 담는다.

④ 유통기한이 오늘까지인 음식도 싸니까 무조건 많이 산다.

 더 알고 싶어 119　　　📖 도서　▶ 영상　🔍 사이트

▶ **할인 행사에 인산인해…안전 우려로 일시 휴점도 (SBS 뉴스)**

할인 행사에 몰린 인파로 매장이 문을 닫는 일도 있대. 싸게 사는 즐거움이 때로는 위험을 부르기도 하지. 물건보다 중요한 건 결국 사람의 안전과 질서라는 걸 잊지 말자.

엄마가 마감 시간에 마르를 가는 이유

엄마의 비밀 미션: 마감 할인의 달콤한 유혹!

엄마가 저녁 늦게 마트에 가신다고 하면 이상하다고 생각한 적 없니?
그 비밀을 한번 파헤쳐 볼까? 엄마가 늦은 밤에 마트에 가시는 데는 특별한 이유가 있어.
그 이유를 알고 나면, 너희도 똑똑한 장보기 비법을 배울 수 있을 거야.

학습 키워드 #마감할인 #똑똑한소비 #가족예산관리
교과 연계 중1 > 사회 > 일생 동안 이루어지는 경제생활을 분석하고 안정적인 금융 생활을 위한 자산 및 신용 관리 방안을 계획한다.

마감 할인 쇼핑의 즐거움

엄마가 밤늦게 마트에 가는 이유를 알고 있니? 그건 바로 '마감 할인'이라는 마법 때문이야. 마감 할인이 뭐냐고? 마트에서 그날 다 팔지 못한 물건들을 싸게 파는 걸 말해. 특히 신선 식품들이 많이 할인돼.

너희가 좋아하는 도시락을 평소에는 5,000원에 파는데 마감 할인 때는 3,000원에 살 수 있어. 와, 2,000원이나 아낄 수 있잖아! 이렇게 똑똑하게 장을 보면 우리 가족의 생활비를 아낄 수 있어. 하지만 마감 할인 상품을 살 때는 몇 가지 주의할 점이 있어. 첫째, 유통기한을 꼭 확인해야 해. 싸다고 너무 많이 사면 먹지 못하고 버릴 수 있거든. 둘째, 신선도를 잘 살펴봐야 해. 가끔 상한 채소나 과일이 섞여 있을 수 있어.

엄마는 이런 점들을 잘 알고 계시기 때문에 마트에 가기 전에 꼭

계획을 세우시곤 해. "오늘은 내일 아침 샌드위치 만들 재료를 사 와야지." 하는 식으로 말이야. 그러면 필요한 것만 사 오게 되니까 낭비를 줄일 수 있어.

재미있는 건 마감 할인 시간이 마트마다 다르다는 거야. 어떤 마트는 저녁 7시부터 시작하고, 어떤 마트는 9시부터 할인을 해. 엄마는 이런 시간들을 다 알고 계시는 거야. 대단하지 않니?

그리고 또 하나! 마감 할인 상품은 날마다 달라. 오늘은 빵이 싸고 내일은 과일이 쌀 수 있어. 그래서 엄마는 매일 다른 걸 사 오시는 거야. 이렇게 하면 우리가 먹는 음식도 다양해지고, 돈도 아낄 수 있어.

마감 할인 때문에 필요 없는 걸 사면 안 돼. 싸다고 해서 과자를 잔뜩 사 오면 오히려 돈을 낭비하는 거니까 꼭 필요한 것만 사도록 해야 해.

엄마의 마감 할인 쇼핑에는 또 다른 비밀이 있어. 바로 '가족 예산 관리'야. 엄마는 우리 가족이 한 달 동안 얼마나 쓸 수 있는지 미리 계산해 두고 마트에 가셔. 그 안에서 최대한 많은 걸 살 수 있도록 노력하는 거지. 마감 할인은 이런 엄마의 노력을 도와주는 좋은 방법이야.

마감 할인은 환경을 지키는 데도 도움이 돼. 마트에서 팔지 못한 음식들은 대부분 버려지게 돼. 하지만 우리가 그걸 사 먹으면 음식물 쓰레기를 줄일 수 있어. 이렇게 우리는 돈도 아끼고 지구도 지킬 수 있는 거야!

엄마는 시간대별로 다른 쇼핑 전략도 가지고 계시지. 보통 저녁 7시부터 9시 사이에 첫 번째 할인이 시작돼. 이때는 빵이나 도시락 같은 것들을 할인하는 경우가 많아. 9시 이후에는 더 큰 폭으로 할인되지만 남은 물건이 별로 없을 수도 있어. 그래서 엄마는 때때로 "오늘은 조금 일찍 가 볼까?" 하고 7시쯤 가시기도 하고, 어떤 날은 "오늘은 큰 할인을 노려 볼까?" 하고 9시 넘어서 가시기도 해. 이렇게 시간대별로 다른 전략을 쓰시는 거지.

할인 품목을 미리 예측하는 것도 엄마의 특기야. 날씨가 더울 때는 아이스크림이나 시원한 음료를 할인할 확률이 높고, 비가 많이 오는 날에는 우산이나 우비가 할인되는 경우가 많대. 이런 걸 미리 생각해 두면 더 똑똑하게 쇼핑할 수 있어.

마감 할인으로 배우는 경제 개념

마감 할인 쇼핑을 통해 자연스럽게 경제 개념도 배울 수 있어. 어떤 물건은 할인이 많이 되는데 왜 어떤 물건은 할인이 작게 될까? 그건 '수요와 공급'이라는 경제 원리 때문이야. 사람들이 많이 찾는 물건은 할인이 적고, 덜 찾는 물건은 할인이 크거든. 또 마감 할인을 통해 '기회비용'도 배울 수 있어. 마감 할인 때 사고 싶은 과자가 있는데 집에 돌아가는 버스 시간이 얼마 안 남았다면 어떻게 해야 할까? 과자를 사느냐, 버스를 타느냐, 이런 선택을 할 때 포기하는 것이 바로 기회비용이야.

너희도 이제 엄마와 함께 마감 할인 쇼핑을 해 보는 건 어때? 엄마에게 "저도 똑똑한 소비자가 되고 싶어요!"라고 말씀드려 봐. 분명 기뻐하실 거야.

1. 다음 중 마트 마감 할인 상품을 사러 갈 때 주의할 점은 무엇일까?

　① 유통기한을 확인하고 산다.　　　② 평소에 먹지 못한 과자를 고른다.

　③ 내일 아침에 먹을 음식의 재료를 산다.　④ 저녁 7시 이전에 간다.

2. 왜 마트는 마감 시간이 되면 할인을 할까?

----

3. 마트의 마감 시간 할인 정책이 마트와 소비자에게 어떤 이점이 있을지 생각을 적어 보자.

----

4. 다음 설명에 알맞은 경제 용어를 적어 보자.

힌트 초성이 ㅅ ㅇ ㅇ ㄱ ㄱ인 용어야.

> 사람들이 많이 찾는 물건은 할인이 적고, 덜 찾는 물건은 할인이 크다.

 더 알고 싶어 119　　　　　　　📑도서　▷영상　🔍사이트

🔍 **GS25, 고물가 시대 '마감 할인' 판매 3개월 만에 6.7배 증가 (조선경제, 최효정)**
물가가 오를수록 '마감 할인'을 찾는 사람이 늘고 있대. 필요한 걸 알뜰하게 사고, 남는 음식도 줄이는 똑똑한 소비 방식이지. 절약이 곧 환경을 지키는 일로 이어질 수 있다는 걸 보여 줘.

▷ **편의점 "마감 세일합니다" (MBC 뉴스)**
편의점이 유통기한이 임박한 상품을 싸게 파는 이유는 단순한 재고 처리만이 아니야. 버려질 물건을 줄이고, 소비자는 저렴하게 살 수 있으니 서로 윈윈이지. 작지만 의미 있는 순환의 한 형태라고 볼 수 있을 거야.

영수증에 적힌 부가가치세는 뭘까?

숨겨진 10%의 비밀: 영수증 속 부가가치세의 신비로운 여행

물건을 사고 받은 영수증 맨 아래에 '부가가치세'라고 표시되어 있는 거 본 적 있니?
이 작은 숫자가 우리의 생활과 국가 경제에 어떤 영향을 미치고 있을까?
부가가치세의 비밀을 파헤치다 보면 머지않아 경제 전문가가 될 수 있을 거야.

학습 키워드 #부가가치세 #간접세 #세금의역할

교과 연계 중1 > 사회 > 일상생활에서 접하는 다양한 시장의 사례를 조사하고 이를 토대로 시장의 의미와 필요성을 설명한다.

부가가치세를 내는 이유

물건을 산 영수증에 써 있는 '부가가치세'라는 건 뭘까? 부가가치세는 우리가 물건을 살 때마다 내는 세금이야. 쉽게 말해서, 물건 값에 더해서 내는 돈이지. 예를 들어 5,000원짜리 과자를 사면 실제로는 5,500원을 내는 거야. 그 500원이 바로 부가가치세지.

"어? 그럼 내가 낸 돈의 일부를 누군가가 가져가는 거야?"라는 생각이 들겠지? 맞아. 그 돈은 모두 정부에서 가져가는 거야. 그렇다면 왜 정부는 이런 돈을 가져가는 걸까? 정부는 이 돈을 모아서 우리 생활에 필요한 많은 일들을 하고 있어. 도로를 만들고, 학교를 짓고, 병원을 운영하고, 공원을 만들지. 우리가 매일 등교할 때 건너는 횡단보도, 신호등, 놀이터의 그네, 도서관의 책들, 이 모든 것들이 부가가치세 같은 여러 세금

들로 만들어진 거야.

부가가치세는 '간접세'라고도 해. 왜 간접세일까? 그건 우리가 직접 세금을 내는 게 아니라, 물건을 살 때 자연스럽게 내기 때문이야. 재미있는 건 모든 물건에 부가가치세가 붙는

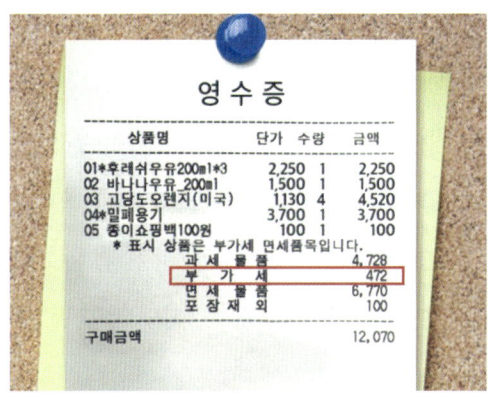

건 아니라는 거야. 우리가 먹는 쌀이나 채소, 생필품 같은 것들은 부가가치세가 붙지 않아. 이런 걸 '면세 품목'이라고 하지. 우리가 살아가는데 꼭 필요한 물건들은 세금을 안 붙여서 싸게 살 수 있게 해 주는 거지.

부가가치세의 특징

부가가치세는 물가와도 관련이 있어. 만약 정부가 부가가치세율을 올리면 어떻게 될까? 그럼 물건 값이 올라가겠지. 반대로 부가가치세율을 내리면 물건 값이 내려갈 수 있어. 그래서 정부는 부가가치세율을 정할 때 신중하게 결정해야 해. 부가가치세의 또 다른 특징은 모든 사람이 똑같이 낸다는 거야. 부자든 가난한 사람이든 같은 물건을 사면 같은 세금을 내는 거지. 이건 공평한 걸까, 아니면 불공평한 걸까? 이런 질문에 대해 생각해 보는 것도 재미있지 않니?

부가가치세는 보통 물건 가격의 10%야. 1,000원짜리 아이스크림을 산다면 이 금액의 10%인 100원이 부가가치세인 거지. 실제로는 1,100원을 내는 게 아니라, 1,000원에 부가가치세가 포함되어 있어. 우리는 물건을 살 때마다 자신도 모르게 국가 경제에 기여하고 있는 셈이

지. 부가가치세는 경제 순환에도 중요한 역할을 해. 우리가 낸 세금으로 정부가 여러 가지 일을 하고, 그 일들이 다시 우리에게 혜택으로 돌아오는 거야. 정부가 우리가 낸 세금으로 새 도로를 만들면, 물건을 나르는 트럭이 더 빨리 다닐 수 있을 거고, 그러면 물건 값이 내려갈 수도 있겠지?

그런데 부가가치세를 내는 건 우리만이 아니야. 물건을 파는 가게 주인도 세금을 내고 있어. 어떻게 그럴 수 있을까? 예를 들어 볼게. 과자 공장에서 1,000원에 과자를 만들어서 마트에 팔았다면, 마트에서는 이 과자에 200원을 더해서 1,200원에 팔아. 이때 마트가 내는 부가가치세는 얼마일까? 1,200원의 10%일까? 아니야. 마트는 자기가 '더한 가치'에 대해서만 세금을 내. 즉 200원에 대한 10%인 20원만 내는 거야. 이렇게 각 단계에서 '더해진 가치'에 대해서만 세금을 내기 때문에 부가가치세라고 부르는 거야.

이제 부가가치세가 뭔지 좀 알겠니? 부가가치세는 단순한 숫자가 아니야. 그 속에는 우리 사회의 운영 방식과 경제의 흐름 그리고 우리 모두의 책임이 담겨 있어. 우리가 내는 작은 금액들이 모여서 나라를 움직이는 큰 힘이 되는 거지. 용돈을 받아서 뭔가를 살 때, "내가 쓰는 돈의 일부가 우리나라를 위해 쓰이는구나."라고 생각하면 뭔가 뿌듯한 기분이 들지 않을까?

1. 다음 중 부가가치세가 붙지 않는 것은 무엇일까?

　① 스마트폰　　　　② 빵　　　　③ 소주　　　　④ 책

2. 부가가치세는 보통 물건 가격의 몇 %인지 쓰고 부가가치세율이 올라가면 물건 값에
　 어떤 변화가 생기는지 설명해 보자.

----

3. 집에 있는 영수증을 찾아서 부가가치세가 얼마인지 확인해 보자. 부가가치세가 없는
　 상품도 있을까? 부가가치세는 왜 필요하고 어디에 사용되는지 이야기해 보자. 만약
　 부가가치세가 없다면 우리 사회에는 어떤 변화가 생길까?

----

4. 마트에서 과자를 4,500원에 샀어. 부가가치세는 얼마일까?

　힌트 부가가치세율은 10%

👍 **더 알고 싶어 119**

📑 도서　▶영상　🔍 사이트

🔍 **도대체 10%는 왜 떼는 걸까? 부가가치세 내는 이유 6가지** (세이브텍스)
물건을 살 때마다 붙는 '10% 부가가치세', 왜 꼭 내야 하는 걸까? 우리가 내는 이
세금이 도로를 닦고, 학교를 짓는 데 어떻게 쓰이는지 알게 되면 생각이 달라지질
도 몰라.

▶ **부가가치세란 무엇일까?** (3분 차이)
가격표 속에 숨어 있는 부가가치세의 비밀을 풀어 보자. 이 짧은 영상으로 세금이 만
들어지고 사용되는 과정을 보면 훨씬 쉬워질 거야.

명절이 다가오면
왜 물가가 비싸질까?

명절의 마법: 슬그머니 치솟는 물가의 비밀을 파헤치다

설날이나 추석이 다가오면 왜 물건 값이 슬금슬금 올라가는 거지?
왜 명절만 되면 물건 값이 올라갈까?
명절 물가의 비밀을 알고 나면 똑똑한 소비자가 될 수 있을 거야.

학습 키워드 #수요와공급 #계절성물가상승

교과 연계 초6 > 사회 > 수요와 공급에 따라 가격이 변하는 과정을 탐색하고 가격 변화가 생활에 미치는 영향을 설명한다.

명절 물가의 비밀

왜 명절만 되면 물건 값이 오르는 걸까? 이 신기한 현상의 비밀을 함께 파헤쳐 볼까?

명절 물가 상승의 가장 큰 이유는 바로 '수요와 공급' 때문이야. 명절 때는 모든 사람들이 비슷한 시기에 비슷한 선물을 사고, 제수용품을 준비하니까 수요가 급증하잖아. 그러다 보니 자연스럽게 물건 값이 올라가는 거지.

명절에 물가가 비싸지는 이유는 '선물 세트' 때문이기도 해. 명절에는 특별히 포장된 선물 세트가 많이 나오잖아. 이런 선물 세트는 대개 좋은 물건들이 들어 있고 포장도 예쁘게 해야 해서 가격이 더 비싸. 그래서 전체적인 물가를 끌어올리는 역할을 하지. 또 '귀성 전쟁'이 명절 물가를

48

비싸게 하기도 해. 명절이  되면 많은 사람들이 고향에 내려가잖아? 그러다 보니 기차표나 버스표 값이 오르고, 휘발유 값도 올라가기도 해. 심지어 고속도로 휴게소의 음식 값도 오르는 경우가 있어.

뉴스에서 '장바구니 물가'라는 말 들어 본 적 있니? 명절에는 특히 제수용품이나 식재료 가격이 많이 오르곤 해. 쌀이나 과일, 생선 등 명절에 꼭 필요한 음식 재료 가격이 오르면 실제로도 물가가 크게 오른 것처럼 느끼게 되는 거지.

명절에는 '수급 불균형'도 생겨. 날씨나 농사 상황에 따라 농산물의 생산량이 달라져서 수요와 공급의 균형이 깨진다는 말이야. 만약 명절에 필요한 농산물이 평소보다 적게 생산된다면, 가격이 훨씬 더 많이 오를 수 있어.

'소비자 심리'도 명절 물가에 영향을 미쳐. 명절이 되면 사람들은 "비싸도 어쩔 수 없지."라고 생각하는 경향이 있어. 이 때문에 물건 값이 올라도 그냥 사게 되고 결국 물가 상승으로 이어지는 거지.

어쩔 수 없는 '유통 구조'적인 문제도 있어. 명절에는 쉬는 날이 이어지니까 물건을 운반하는 비용도 올라. 택배비도 오르고, 일하는 사람들의 수당도 올라가니까 이런 비용 증가가 결국 물건 값에 포함되는 거야.

정부는 명절 물가를 안정시키기 위해서 여러 가지 노력을 하고 있어. 주요 제수품의 공급을 늘리거나 특별 할인 행사를 장려하기도 해. 또 물가를 지속적으로 감시하고, 너무 심하게 오른 경우에는 조치를 취하기도 한단다.

현명한 소비자가 되려면

명절 물가가 오르는 이유를 알았으니, 이제 현명한 소비자가 되는 방법을 알아볼까?

첫째, 미리미리 준비하는 거야. 명절 한 달 전부터 가격이 오르기 전에 조금씩 필요한 물건들을 사 두는 거지.

둘째, 가격을 비교해 봐. 여러 가게의 가격을 비교해 보고 가장 저렴한 곳에서 구매하는 것도 좋은 방법이야.

셋째, 꼭 필요한 것만 사는 거야. 명절이라고 모든 걸 다 살 필요는 없어. 정말 필요한 것만 구입하는 것이 중요해.

넷째, 대체품을 고려해 봐. 꼭 비싼 선물 세트가 아니어도, 정성껏 고른 실용적인 선물도 좋아.

다섯째, 온라인 쇼핑을 활용해 봐. 때로는 온라인에서 더 저렴하게 살 수 있는 경우도 있어.

명절 물가를 통해 우리는 수요와 공급, 시장의 변화, 소비자의 역할 같은 경제의 기본 원리들을 배울 수 있어. 다음 명절에는 여기서 배운 것들을 잘 기억해서 똑똑한 소비자가 되어 보는 게 어때? 미리 계획을 세우고, 현명하게 소비하다 보면 너희도 언젠가 경제 전문가가 될 수 있을 거야.

1. 다음 중 명절이 다가오면 물가가 오르는 이유가 아닌 것은 무엇일까?

　① 명절에는 쉬는 날이 많아서
　② 명품 소비가 늘어나기 때문에
　③ 명절 선물 세트가 많이 나오기 때문에
　④ 제수용품을 사려는 사람들이 많아져서

2. 장바구니 물가는 무엇을 말하는 걸까?

_____

_____

_____

3. 명절을 앞두고 가격이 많이 오르는 상품에는 어떤 것들이 있을까? 명절에 물가가 오르는 걸 막기 위해 우리가 할 수 있는 일에는 어떤 것들이 있을지 생각을 적어 보자.

_____

_____

_____

4. 다음 보기 중 '명절 물가 상승'을 설명하는 경제 원리에 해당하는 것은 무엇일까?

　① 규모의 경제　　② 수요와 공급　　③ 기회비용　　④ 비교우위

 더 알고 싶어 119　　📖 도서　▶ 영상　🔍 사이트

▶ **명절 물가 왜 매년 비싸다고 느낄까 (YTN, 이규 기자, 2022)**
매년 명절이 다가올 때마다 물가가 오르는 이유는 뭘까? 수요가 몰리는 시기마다 가격이 오르는 경제 원리를 통해 '체감 물가'의 비밀을 알아보자.

▶ **명절 물가에 화들짝.. 차례상 비용 '역대 최고' (MBC뉴스)**
명절 차례상에 드는 비용이 왜 해마다 달라질까? 식품 가격과 계절, 경기 상황이 물가에 어떤 영향을 주는지도 함께 살펴보면 좋을 것 같아.

윙~ 하는 소리와 함께 찾아온 기회, 청소년 사업가 이야기

실수나 실패가 두렵지 않니? 가끔은 예상치 못한 작은 사건이 우리 인생을 완전히 바꾸는 특별한 기회가 될 때가 있어. 여기, 4살 때 벌에 두 번이나 쏘인 사건을 계기로 세상에 이름을 알린 어린 CEO가 있어. 그 주인공은 미카일라 얼머(Mikaila Ulmer)야. 너희도 자신만의 특별한 이야기를 시작할 수 있어. 나이는 중요하지 않아. 호기심을 가지고 도전하는 용기 그리고 세상을 더 좋게 만들고 싶은 진심만 있다면 말이야.

벌이 가르쳐 준 특별한 사업 수업

꿀벌에 쏘이면 어떤 기분일까? 아프고 무섭고, 꿀벌이 싫어질 것 같잖아? 그런데 미카일라는 달랐어. 4살 때 벌에 쏘인 작은 사고가 오히려 미카일라의 인생을 바꿔 놓았거든.

2009년, 텍사스 오스틴의 한 마당에서 놀던 미카일라는 일주일 사이 두 번이나 벌에 쏘였어. 보통 아이 같으면 울기만 했을 텐데, 미카일라는 궁금증이 생겼어.

"왜 벌이 나를 쏘았을까? 벌은 어떤 친구일까?"

그날부터 미카일라는 벌에 대해 공부하기 시작했어. 도서관에서 책을 읽고, 부모님과 다큐멘터리를 보면서 꿀벌의 세계에 빠져들었지. 미카일라는 벌이 꽃가루를 옮기기 때문에 과일과 채소를 키우는 데 꼭 필요한 존재라는 사실을 알게 됐어. 하지만 벌의 개체 수가 점점 줄어들고 있다는 소식은 충격이었지. 미카일라는 결심했어.

"벌을 지키기 위해 내가 할 수 있는 일을 해야겠어!"

꿀을 넣은 레모네이드

고민 끝에 꺼내 든 건 증조할머니가 1940년대에 만든 레모네이드 레시피였어. 미카일라는 설탕 대신 꿀을 넣어 특별한 음료를 만들었지. 이렇게 해서 탄생한 브랜드가 바로 "Me & the Bees Lemonade"야.

처음엔 지역 행사장에서 작은 가판대를 열어 레모네이드를 팔았어. 손님이 한 명도 없던 날도 있었지만 미카일라는 포기하지 않았어. 예쁜 간판을 걸고, 꿀벌 모양 풍선도 달자. 조금씩 입소문이 나면서 손님이 늘기 시작했단다. 그리고 수익의 일부는 벌 보호 활동에 기부했지.

시간이 지나면서 미카일라의 레모네이드는 점점 더 많

은 사람들의 사랑을 받았어. 미카일라는 TV 프로그램 '샤크탱크(Shark Tank)'에 출연해 사업을 소개했고, 투자자 데이먼드 존(Daymond John)에게 6만 달러의 투자를 받았지. 이후 홀푸드 마켓(Whole Foods Market)과 계약을 맺으며 레모네이드는 전국으로 퍼져 나갔어. 지금은 미국 전역 수백 개 매장에서 판매되고 있고 매출도 백만 달러를 넘는 규모로 성장했어.

하지만 미카일라는 여전히 학교생활과 공부를 열심히 하고 있어.수학은 회계에, 과학은 제품 개발에 도움이 되었거든. 미카일라의 가족도 든든한 조력자였어. 아빠는 생산 공장을 찾았고, 엄마는 마케팅을 도왔지. 할머니는 여전히 품질 관리 담당이었어.

미카일라는 레모네이드 판매에만 그치지 않았어. Healthy Hive Foundation이라는 비영리 단체를 세워 벌 보호 활동과 환경 교육을 이어 가고 있단다. 전국의 학교를 돌며 강연을 하면서 친구들에게 이렇게 말하곤 하지.

"작은 관심이 세상을 바꿀 수 있어요."

벌 한 마리가 미카일라의 인생을 바꾼 것처럼 너희의 작은 호기심과 용기 있는 행동이 세상을 바꿀 수도 있어. 나이는 중요하지 않아. 진심과 열정만 있다면 누구나 꿈을 이룰 수 있어. 지금 이 순간, 너희도 미카일라처럼 시작할 수 있단다!

2부

편의점 탐구 일지,
24시간이 궁금해

편의점은 왜 이렇게 많을까?

편의점 천국: 우리 동네를 점령한 24시간 히어로들

밤늦게 배가 고파서 나갔는데 동네 어디를 가도 편의점이 보인다면?
골목마다, 건물마다, 심지어 학교 앞에도! 이거 완전 편의점 천국 아닌가?
어쩌다 편의점이 이렇게 많아진 걸까? 이 신기한 현상의 비밀을 함께 파헤쳐 볼까?

학습 키워드 #편의점의급증 #24시간영업 #다양한상품 #1인가구증가 #배달서비스
교과 연계 초6 > 사회 > 시장에서 이루어지는 거래의 과정을 이해하고 생산자와 소비자의 역할을 탐색한다.

편의점의 나라

우리나라에 편의점이 얼마나 많은지 아니? 2023년 기준으로 전국에 5만 개가 넘는데! 서울에서 부산까지 편의점만 보고 걸어갈 수도 있을 정도야.

그럼 왜 이렇게 편의점이 많은 걸까? 가장 큰 이유는 편리함일 거야. 편의점은 말 그대로 '편리한 가게'잖아. 24시간 열려 있어서 언제든 갈 수 있지. 새벽에 갑자기 라면이 먹고 싶어도 걱정 없어. 물론 밤늦게 나가는 건 위험하니까 조심해야 해!

또 편의점에는 정말 없는 게 없어. 과자, 음료수는 기본이고 도시락, 생활용품까지 다 있잖아. 숙제하다가 갑자기 지우개가 필요해도 편의점에 가면 살 수 있어. 편의점이 없었다면 얼마나 불편했을까?

혼자 사는 사람들이 많아진 것도 이유야. 1인 가구가 늘어나면서 간단히 끼니를 해결할 수 있는 편의점이 인기를 끌고 있어. TV에서 연예인들이 편의점 도시락 먹는 거 많이 봤잖아? 실제로도 그래.

배달 서비스도 한몫했어. 이제는 편의점 물건도 배달해 준다지 뭐야. 치킨 말고 오늘은 편의점 삼각김밥 배달 어때? 아이스크림이랑 음료도 빼놓을 수 없어. 편의점 아이스크림 진짜 맛있잖아? 여름에 친구들이랑 편의점 가서 아이스크림 고르는 재미, 정말 좋아.

요즘 편의점은 공부하는 장소로도 쓰여. 집에서 공부하기 싫을 때 편의점에 가면 얼마나 좋은데? 조용하고 냉난방도 잘 되고, 간식도 바로 살 수 있으니까 이런 좋은 곳이 없지. 많은 학생들이 편의점에서 아르바이트를 하고 있어. 첫 아르바이트로 편의점만 한 곳이 없다고 해.

편의점을 차리기 비교적 쉬운 것도 큰 이유야. 그래서 창업하려는 사람들이 편의점을 많이 선택하지. 어쩌면 너희 부모님도 "편의점 차려 볼까?" 하고 생각해 보셨을 지도 몰라.

편의점 음식이 점점 맛있어지고 있는 것도 중요한 이유야. 요즘 편의점 도시락이나 삼각김밥은 정말 맛있잖아? 가끔은 집밥보다 더 맛있다고 느낄 때도 있어. 새로 나온 편의점 상품을 찍어서 SNS에 인증샷 올리는 것도 유행이잖아. "이거 먹어 봤어? 인스타에서 핫하대." 이런 말

들어 본 적 있지?

편의점의 문제점

하지만 편의점이 많아지면서 생기는 문제도 있어. 동네 작은 가게들이 어려워지고 있거든. 편의점끼리의 경쟁도 너무 심해졌어. 동네에 편의점이 또 생겼다고? 어제는 A편의점이었는데 오늘은 B편의점이라고? 우리 주변에서 그런 일이 실제로 자주 일어나고 있어. 과도한 포장으로 환경 문제를 일으키는 것도 걱정이야. 삼각김밥 하나 사면 비닐봉지, 포장지, 스티커 같은 쓰레기가 너무 많이 나오잖아. 편의점 음식을 자주 먹으면 건강에도 안 좋을 수 있어. 가끔은 집밥을 먹는 게 좋겠지?

그렇지만 편의점은 우리 생활에 없어서는 안 될 존재가 됐어. 앞으로 편의점은 어떻게 변할까? 무인 편의점이 많이 생기지 않을까? 로봇 알바생을 만나게 될지도 몰라. 드론으로 배달하는 날이 올 수도 있을까? VR 편의점은 어때? 우주에서도 편의점을 체험해 볼 수 있다면 정말 신기하겠지?

우리 주변에 편의점이 많은 이유, 이제 좀 알 것 같지 않아? 다음에 편의점에 갈 때 지금 배운 걸 떠올려 봐. 이 작은 가게가 어떻게 우리 생활을 편리하게 만들었는지, 그리고 앞으로 어떻게 더 발전할지 상상해 보는 거야.

어쩌면 너희들이 미래에 더 멋진 편의점을 만들 수 있을지도 몰라. AI 편의점? 우주 정거장 편의점? 해저 편의점? 상상하기에 따라 편의점의 미래가 바뀔 수 있어. 정말 기대되지 않니?

1. 다음 중 편의점이 많은 이유가 아닌 것은 무엇일까?

　① 24시간 문을 연다.　　　　② 간단히 끼니를 해결할 수 있다.

　③ 퀵서비스를 이용할 수 있다.　　④ 창업하기가 쉽다.

2. 집 주변에 편의점이 몇 개나 있는지 세어 보고 자주 가는 편의점에서 무얼 주로 사는
   지 적어 보자.

----

3. 편의점이 많아지면서 생기는 문제는 어떤 것들이 있을까?

----

4. 빈 칸에 알맞은 말을 써 보자.

　힌트 사람 없이 운영되는

> 미래 편의점에는 로봇 계산대, 드론 배달, 무인 매장 등이 생길 수 있다. 이렇게 새
> 로운 아이디어를 바탕으로 한 편의점을 _____ 편의점이라고 부를 수 있다.

👍 **더 알고 싶어 119**　　　　　📖 도서　▶ 영상　🔍 사이트

🔍 **편의점 2강, 매출은 늘었는데…수익성 엇갈린 이유 (Biz watch, 김지우)**
매출은 늘었는데 수익은 다르다니, 무슨 이유일까? 판매 구조와 운영 비용을 비교하
면서 기업의 '이익'이 단순히 매출과 같지 않다는 점을 기억해 보자.

▶ **도심에서 섬까지…'편의점 전성시대' 그 이유 (SBS 뉴스)**
편의점이 이렇게 많아진 이유는 뭘까? 생활 속 필수 공간으로 자리 잡은 편의점이
어떻게 사람들의 소비 습관과 지역 경제를 바꿔 가고 있는지도 살펴보자.

편의점에서 가장 인기 있는 상품은?

국민 간식부터 심야식당까지 편의점 인기템의 모든 것

편의점에서 삼각김밥을 집어 들었는데 계산대 앞에서 초콜릿과 아이스크림까지 장바구니에 담고 있는 내 모습을 발견한 적 있지 않아? 이렇게 계획에 없던 물건을 사게 되는 것도, 특정 상품이 더 잘 팔리는 것도 다 전략이 있다고 해. 대체 어떤 상품들이 가장 잘 팔리는 거고, 거기에는 어떤 비밀이 숨어 있는 걸까?

학습 키워드 #편의점인기상품 #소비트렌드 #충동구매 #진열효과 #묶음판매

교과 연계 초6 > 사회 > 합리적인 선택의 필요성을 알고 선택에 따른 결과를 판단하여 올바르게 소비한다.

편의점 인기 상품 순위

하루에 몇 번이나 편의점에 가니? 학교 가기 전 삼각김밥을 사러, 하교 후엔 시원한 음료수를 마시러, 저녁엔 라면이 먹고 싶어서…. 우리의 하루는 편의점과 떼려야 뗄 수 없는 사이가 됐어. 그래서 편의점에서 무엇이 잘 팔리는지를 살펴보면 우리의 생활 모습이 그대로 보인단다.

가장 많이 팔리는 상품 1위는 바로 음료수야. 특히 편의점 커피는 이제 스타벅스와 견줄 정도로 품질이 좋아졌어. 4천 원짜리 아메리카노 대신 1천 원대 편의점 커피를 선택하는 게 현명한 소비라고 생각하는 사람들이 늘어났거든. 또 여름철 국민 음료 이온 음료와 탄산음료는 매년 판매량 신기록을 세우고 있어.

두 번째로 많이 팔리는 건 과자와 빵이야. 특히 젊은 층에서 인기 있

는 과자는 SNS에서 화제가 되면 하루 만에 품절되기도 하지. 빵도 예전의 딱딱한 빵이 아니라 베이커리 못지않은 맛있는 빵들이 인기야. 특히 아침 식사 대용으로 먹는 토스트나 샌드위치가 잘 팔린대.

세 번째는 도시락과 간편식이야. 혼밥(혼자 밥 먹기)이 일상이 되면서 편의점 도시락의 종류도 정말 다양해졌어. 프리미엄 도시락은 레스토랑 못지않은 메뉴를 선보이고 있지. 특히 인기 있는 건 '가정식 도시락'이야. 또 간편하게 데워 먹는 라면이나 국물 요리도 큰 인기를 끌고 있어.

네 번째로 잘 팔리는 건 아이스크림이야. 특히 편의점 아이스크림은 계절을 가리지 않고 잘 팔린대. 한겨울에도 매출 순위 상위권을 차지한다니까? 신기한 건 SNS에서 유행하는 아이스크림은 가격이 비싸도 잘 팔린다는 거야.

일상의 중심이 된 편의점

요즘 편의점에선 생활용품도 잘 팔려. 마스크, 물티슈, 충전기 같은 생필품부터 양말, 우산까지…. 급하게 필요한 물건은 편의점에서 다 구할 수 있게 됐어. 심지어 요즘은 편의점에서 택배도 보내고, 공과금도 내고, 교통 카드도 충전할 수 있다니까.

재미있는 건 편의점 인기 상품들이 시대에 따라 계속 바뀐다는 거야. 10년 전만 해도 삼각김밥과 라면이 전부였던 편의점이 이제는 작은 백화점이 된 것처럼. 앞으로 편의점에서는 또 어떤 신기한 상품들이 인기를 끌게 될까?

편의점은 이제 단순한 가게가 아니라 우리 일상의 중심이 됐어. 24시간 언제나 열려 있는 편의점은 우리의 허기도, 필요한 것도 채워 주는 든든한 이웃이 된 거지. 너는 오늘 편의점에서 무엇을 사고 싶어?

1. 다음 중 편의점에서 잘 팔리는 제품이 아닌 것은 무엇일까?

    ① 도시락　　　② 음료수　　　③ 과자　　　④ 조미료

2. 편의점에서 할 수 있는 일이 아닌 것은 무엇일까?

    ① 택배 서비스　　　　　② 공과금 납부
    ③ 서류 복사　　　　　　④ 교통 카드 충전

3. 편의점에서 아침, 점심, 저녁, 심야 시간대별로 가장 잘 팔리는 상품은 무엇일까? 평일과 주말의 인기 상품은 어떻게 다를까? 왜 이런 차이가 생기는지 이야기해 보자.

    ----

4. 다음 중 본문에서 '계절을 가리지 않고 잘 팔린다'고 소개된 상품은 무엇일까?

    ① 도시락　　　② 샌드위치　　　③ 아이스크림　　　④ 커피

👍 **더 알고 싶어 119**　　　🔲도서　▶영상　🔍사이트

🔍 **몇 개나 먹어 봤니? 2023년 강타한 '편의점 핫템' 살펴보니…** (헤럴드경제, 김벼리)
어떤 제품들이 한 해 동안 편의점을 휩쓸었을까? 소비자들의 취향과 트렌드를 통해, '잘 팔리는 상품' 뒤에 숨은 시장의 변화를 알아볼까?

▶ **거리 두기 해제 후 편의점에서 가장 잘 팔리는 '이것'** (SBS 뉴스)
사회적 거리 두기가 끝난 뒤, 사람들의 소비 패턴은 어떻게 달라졌을까? 편의점 매출 변화를 통해 일상 회복과 소비 심리가 어떤 관계가 있는지 살펴보자.

무인 편의점이 생기는 이유

로봇 점원의 습격: 무인 편의점이 몰려온다

한밤중에 편의점에 들어갔는데 점원이 없다고 생각해 봐!
대신 말하는 기계와 반짝이는 스크린만 있다면 무서울까? 아니면 신기할까?
이곳은 바로 요즘 많이 생긴다는 '무인 편의점'이야.
사람 대신 기계가 일하는 편의점의 비밀을 함께 파헤쳐 볼까?

학습 키워드 #비대면서비스 #인건비절감 #미래형편의점
교과 연계 중2 > 통합사회 > 자본주의의 역사적 전개 과정과 그 특징을 조사하고 시장과 정부의 관계를 중심으로 다양한 삶의 방식을 비교 평가한다.

무인 편의점의 장점과 단점

무인 편의점이 생기는 가장 큰 이유는 바로 '돈' 때문이야. 사람이 일하면 월급을 줘야 하잖아? 근데 기계는 한 번 사면 월급을 안 줘도 되거든. 편의점 사장님 입장에서는 완전 이득이지.

그리고 편의점은 24시간 영업하는 곳이잖아. 사람은 피곤해서 밤에는 쉬어야 하지만, 기계는 쉬지 않고 일할 수 있어. 밤새 게임하다 배가 고파도 걱정 없지. 새벽 3시에도 라면 먹으러 갈 수 있으니까!

무인 편의점의 또 다른 장점은 실수가 없다는 거야. 사람은 가끔 계산을 잘못하거나 물건을 잘못 줄 수 있지만, 기계는 그런 실수를 안 해. "1,000원 더 받았네요. 죄송합니다." 이런 말을 기계한테 들을 일은 없겠지?

게다가 무인 편의점은 서비스가 엄청 빨라. 줄 서서 기다릴 필요 없이 혼자서 계산하고 나올 수 있어. 좀 아쉽긴 하지만 친절한 점원은 이제 없어.

요즘 같은 시대에 무인 편의점의 '비대면 서비스'는 정말 큰 장점이야. 사람과 만나지 않고도 물건을 살 수 있다니, 완전 편하잖아?

무인 편의점은 사람들이 산 물건들의 데이터를 모을 수 있는 장소이기도 해. 어떤 물건이 잘 팔리는지, 손님이 언제 많이 찾는지 기계가 다 기록하고 있어. "이 시간대에는 초코 과자가 잘 팔리는구나!" 이런 정보로 뭘 할 수 있을까? 바로 상품을 준비하거나 상품을 개발할 때 많이 팔릴 수 있는 상품에 대한 정보를 수집할 수 있다는 장점이 있어.

공간 활용하기에 좋다는 것도 무인 편의점의 큰 장점이야. 계산대가 필요 없으니까 그 자리에 더 많은 물건을 진열할 수 있잖아. 무인 편의점은 창업하기도 쉬워. 직원을 뽑고 교육하는 비용이 필요 없으니까. 무인 편의점은 첨단 기술의 전시장이기도 하지. 멋진 기계들로 가득 차 있으니까. 재고 관리도 무인 편의점의 강점이야. 기계가 알아서 재고를 체크하고 주문해 주거든.

물론 무인 편의점에도 단점이 있어. 기계가 고장 나면 그날 장사는 못 하는 거야. 일자리가 줄어드는 것도 문제야. 사람 간의 교류가 줄어드는 것도 아쉬운 일이지. 동네 편의점 아저씨와의 정겨운 대화가 그리워질지도 모르겠어.

기계 조작이 어려운 어르신들은 무인 편의점을 이용하기 힘들어 하실 수도 있어. "편의점 좀 같이 가 줄래. 기계랑 대화하는 거 아직 어려워." 이런 할아버지, 할머니의 부탁을 들어 드려야 하는 순간이 올지도 모른다니까?

무인 편의점의 미래

앞으로 무인 편의점은 어떻게 변할까? 어쩌면 AI 기술로 가상 점원이 나타날지도 몰라. "어서 오세요! 저는 오늘의 가상 점원 BTS 뷔입니다!" 매일 다른 아이돌이 점원이 된다면, 편의점에 매일 같이 가고 싶을지도 몰라.

AI가 고객의 취향을 분석해서 맞춤 서비스를 해 줄 수도 있어. "○○○님, 오늘은 초코 우유가 땡기시는 것 같아요. 어떠세요?" 이렇게 우리 마음까지 읽는 편의점이라니. 드론 배달 서비스도 생길 수 있어. "삐빅- 주문하신 과자가 도착했습니다. 창문 열어 주세요." 창문으로 과자가 배달된다니, 이런 걸 상상해 본 적 있니?

신기한 무인 편의점 이야기, 재미있었니? 사람 대신 기계가 일하는 편의점이라는 미래 영화에나 나올 법한 일이 현실이 되고 있어. 다음에 무인 편의점에 가면 여기서 배운 걸 떠올려 봐. 그리고 이렇게 생각해 보는 거야. "나중에 내가 더 멋진 편의점을 만들 수 있을 것 같은데?" 너희가 바로 미래 편의점의 주인공이 될 수도 있어! 어떻게 만들 수 있을까? 상상만 해도 재밌지 않아?

1. 다음 중 무인 편의점의 장점이 아닌 것은 무엇일까?

① 기계가 계산하기 때문에 실수가 없다.

② 계산할 때 줄 서서 기다릴 필요가 없다.

③ 사람들이 산 물건의 데이터를 모을 수 있다.

④ 어르신들이 이용하기 편리하다.

2. 무인 편의점과 일반 편의점의 차이점은 무엇일까?

---

3. 무인 편의점이 늘어나는 이유는 무엇일까? 무인 편의점이 늘어나면 소비자와 근로자
에게 어떤 영향을 미칠지 이야기해 보자.

---

4. 빈 칸에 알맞은 말을 써보자.

무인 편의점에서는 계산대가 필요 없어서 그 공간을 _____(으)로 활용할
수 있다.

 더 알고 싶어 119

📖 도서 ▶ 영상 🔍 사이트

🔍 **하루 15시간, 알바생과 3년째 맞교대… 무인 편의점 증가 이유** (MoneyS, 정원기)
사람 대신 기계가 일하는 무인 편의점이 왜 늘고 있을까? 인건비 부담과 기술 발전
이 만든 변화 속에서 편의점의 새로운 운영 방식으로 자리 잡고 있어.

▶ **3년여 새 무인 편의점 17배…최저임금 인상 시 더 늘듯** (연합뉴스 TV)
무인 편의점이 빠르게 늘어나는 이유는 단순히 유행 때문일까? 최저임금 상승과 인
력난 같은 현실적인 요인이 어떻게 산업 구조를 바꾸는지도 함께 생각해 보자.

편의점도 프랜차이즈가 많아

동네를 걷다 보면 편의점이 줄지어 자리 잡고 있는 걸 본 적 있지?
CU, GS25, 세븐일레븐… 마치 통일된 유니폼을 입은 것처럼 비슷하게 생겼잖아?
이게 바로 '프랜차이즈' 편의점이란 거야. 근데 왜 이렇게 많은 걸까?

학습 키워드 #브랜드파워 #광고효과 #대량구매의이점

교과 연계 중1 > 사회 > 일상생활에서 접하는 다양한 시장의 사례를 조사하고 이를 토대로 시장의 의미와 필요성을 설명한다.

프랜차이즈 편의점의 시대

프랜차이즈 편의점이 많은 첫 번째 이유는 바로 '브랜드 파워' 때문이야. 유명한 브랜드를 걸고 시작하면 손님들이 더 믿고 찾아오거든. "어? 이거 CU네? 그럼 안심이다!"라고 생각하는 거지.

프랜차이즈는 시작하기가 더 쉬워. 혼자서 편의점을 차리려면 어떤 물건을 팔아야 할지, 어떻게 가게를 꾸밀지 다 결정해야 하잖아. 근데 프랜차이즈는 이미 다 정해져 있어서 편리해. 마치 레고 세트로 집 만드는 것처럼 설명서만 따라 하면 되거든. "편의점 차리기가 레고 조립만큼 쉽다고?"

프랜차이즈 편의점은 팔 물건도 훨씬 싸게 살 수 있어. 왜냐고? 한 번에 엄청 많이 사니까! 광고도 프랜차이즈의 큰 장점이야. TV에서 본

편의점 광고, 기억나지? 동네 작은 편의점은 이런 큰 광고를 할 수 없어.

새로운 상품도 프랜차이즈가 훨씬 빨리 들여올 수 있어. 본사에서 계속 새로운 아이디어를 내니까. 직원 교육도 프랜차이즈가 체계적이야.

본사에서 교육을 해 주니까 서비스 품질이 일정하지. 어느 편의점을 가도 비슷한 서비스를 받을 수 있는 이유야. 위기 대응도 프랜차이즈가 더 잘해. 예를 들어 갑자기 코로나가 터졌다면, 본사에서 빠르게 대책을 세워서 모든 가맹점에 알려 줘.

프랜차이즈는 포인트 적립 같은 혜택도 많아. 편의점 포인트 카드 같은 건 작은 편의점에선 만들기 어려워. 기술 도입도 프랜차이즈가 빠르지. 무인 계산대나 키오스크 같은 걸 설치하려면 돈이 많이 들어서 작은 편의점은 엄두도 못 내거든.

프랜차이즈 편의점의 단점

하지만 프랜차이즈 편의점이 장점만 있는 건 아니야. 본사에 내는 돈이 꽤 많거든. 매출의 일정 부분을 매달 본사에 줘야 해. 마음대로 가게를 운영하기도 어려워. 본사 규정을 다 지켜야 하거든. 예를 들어 가격을 에누리해 주거나 물건을 하나 더 얹어 주고 싶어도 안 돼. 경쟁이 심한 것도 문제야. 같은 프랜차이즈끼리도 경쟁을 하기 때문이지. 가끔 본사가 문제를 일으키면 그 피해는 가맹점 주인이 고스란히 떠안아야 해.

그래도 프랜차이즈 편의점은 계속 늘어나고 있어. 어쩌면 AI와 로봇이 운영하는 프랜차이즈 편의점이 생길지도 몰라. VR로 쇼핑하는 프랜차이즈 편의점은 어떨까? 집에서 VR 안경을 쓰고 편의점을 구경하다가 마음에 드는 걸 고르면 드론으로 배달해 주는 거야. 움직이는 프랜차이즈 편의점은 어때? 큰 트럭에 편의점을 만들어서 동네를 돌아다니는 거야. 이동식 문방구 아저씨처럼 말이야.

신기한 프랜차이즈 편의점 이야기, 재미있었니? 길거리에 줄지어서 있는 편의점에 대해 이제 조금 알 것 같지? 다음에 편의점 갈 때 여기서 알게 된 걸 떠올려 봐. "나중에 나도 멋진 프랜차이즈를 만들어 볼까? 아니면 새로운 편의점 로봇을 발명해 볼까?" 너희도 미래 편의점의 주인공이 될 수 있어.

1. 다음 중 프랜차이즈 편의점의 좋은 점이 아닌 것은 무엇일까?

① 손님들이 브랜드를 믿고 찾아온다.　　② 시작하기가 쉽다.

③ 가격을 에누리해 줄 수 있다.　　④ 포인트 혜택이 많다.

2. 왜 대부분의 편의점은 프랜차이즈일까?

3. 프랜차이즈 시스템이 편의점 사업자와 소비자에게 주는 장단점은 무엇일까?

4. 다음 글자를 알맞게 배열해 프랜차이즈 편의점의 가장 큰 강점을 완성해 보자.

힌트 사람들이 믿고 찾아오는 이유를 생각해 봐.

드　랜　브　파　워

👍 **더 알고 싶어 119**　　📖도서　▶영상　🔍사이트

🔍 **해외로 간 편의점… '마스터 프랜차이즈' 선호 이유는?** (헤럴드경제, 2024)
우리나라 편의점이 해외로 진출할 때 '마스터 프랜차이즈'를 택하는 이유가 뭘까?
현지 기업과 손잡고 운영하는 방식이 리스크를 줄이고 시장에 빨리 적응할 수 있기
때문일 거야.

▶ **프랜차이즈 매출 55조 원 넘었다…편의점 1위** (MBC 뉴스)
프랜차이즈 산업 중에서도 편의점이 이렇게 빠르게 성장한 이유가 뭘까? 생활 곳곳
에 자리 잡은 편의점이 이제 단순한 가게가 아니라 하나의 생활 플랫폼이 된 것 같아.

Week3 • 15일차

편의점에도 삼겹살이 뜬다

돼지고기가 편의점 문을 두드렸어요

편의점 하면 컵라면, 삼각김밥, 도시락이 떠올랐는데…
이제는 신선한 돼지고기도 살 수 있다고?
게다가 대형 마트보다 더 저렴하게? "말도 안 돼!"라고 생각했던 일이 현실이 됐어.
편의점이 또 한 번 신선한 충격을 주고 있어. 도대체 어떻게 이런 일이 가능해진 걸까?
편의점 돼지고기 열풍의 비밀을 함께 파헤쳐 볼까?

학습 키워드 #편의점삼겹살 #신선식품혁명
교과 연계 중1 > 사회 > 시장경제에서 수요와 공급을 변화시키는 요인을 조사하고
시장 가격의 변동에 대응하는 방안을 계획한다.

편의점에서 삼겹살을 판다고?

예전에는 편의점에서 돼지고기를 팔지 않았어. 유통기한 관리가 어렵고, 특별한 냉장 설비도 필요하고, 가격도 비싸서 누가 편의점에서 고기를 사겠어? 라는 생각이 컸거든. 영화관에서 팝콘 대신 스테이크를 파는 것처럼 어색하다고 생각했지. 게다가 돼지고기는 종류도 많잖아. 삼겹살, 목살, 앞다리살…, 이걸 다 갖추려면 공간도 많이 필요할 거고 말이야.

하지만 CU가 새로운 도전을 시작했어. 하이포크 한돈 삼겹살과 목살을 전국 모든 점포에서 팔기 시작한 거야. 그것도 대형 마트보다 더 저렴한 가격으로! 500g에 1만 4,900원, 통신사 할인을 받으면 1만 3,500원이면 살 수 있어. 식당에서 먹는 것보다 65%나 저렴하다니, 완전 대박 아니야? 삼겹살데이 행사 때는 제휴 카드 할인까지 더해서 7,000~8,000

원대에 팔았대. 이게 바로 실속이지.

품질 관리도 정말 철저히 해. HACCP 인증을 받은 시설에서 만들고, 이중 포장으로 변질을 막았어. 특히 유통기한을 일반 마트의 절반으로 줄여서 더 신선한 고기만 팔고 있지. 대형 마트는 15일인데, 편의점은 6일이래. 신선도에 엄청 신경 쓰는 거지. 거기다 1인 가구를 위해 상추, 깻잎, 쌈무, 쌈장으로 구성된 모둠쌈 세트도 무료로 준대. 혼자 사는 사람들한테는 정말 반가운 소식이지?

결과는? 대성공이야! 열흘 동안 2만 개가 넘게 팔렸대. 무게로 치면 돼지 1,000마리 분량이래. 특히 삼겹살데이 기간에는 3일 동안에만 1만 개가 팔렸다니까. 지금은 하루에 4,000개씩 팔린대. 맘카페에서 입소문이 나면서 판매율이 90%가 넘을 정도로 인기라고 해.

왜 이렇게 잘 팔리는 걸까? 첫째, 가격이 정말 착해. 대형 마트보다 더 저렴하니까 가성비가 최고지. 둘째, 접근성이 좋아. 집 앞까지 차 끌고 갈 필요 없이 편하게 살 수 있잖아. 셋째, 품질 관리가 철저해서 믿을 수 있어. 넷째, 1인 가구를 위한 세심한 배려가 있어. 혼자 살면 고기 사기가 부담스러웠는데, 이제는 간편하게 살 수 있게 된 거지.

이런 성공에 놀란 CU는 더 대단한 계획을 세웠어. 앞으로는 한우 스테이크랑 제주 돈마호크도 팔 거래. 편의점에서 한우를 판다니, 상상이나 했어? 편의점이 식품 유통의 새로운 역사를 쓰고 있는 거야.

식생활 문화를 바꾸는 편의점

재미있는 건 이게 단순히 고기를 파는 게 아니라는 거야. 우리의 식생활 문화도 바꾸고 있는 거지. 예전에는 고기를 사려면 꼭 마트나 정육점에 가야 했는데, 이제는 집 앞 편의점에서도 살 수 있으니까. 마치 편의점 도시락이 우리의 식사 문화를 바꾼 것처럼, 편의점 고기도 새로운 변화를 만들어 내고 있는 거지.

"편의점에서 고기를 사다니, 말도 안 돼!"라고 생각했던 게 이제는 "편의점 고기 너무 좋은데?"로 바뀌고 있어. 우리 동네 편의점이 작은 정육점이 되는 날이 올 줄 누가 알았겠어? 다음에 삼겹살이 먹고 싶을 때는 편의점에 한번 들러 볼까? 아, 참고로 모둠쌈 세트도 잊지 말고 받아가는 거 잊지 마!

미래에는 또 어떤 변화가 또 생길까? 편의점이 식품 유통의 패러다임을 바꾸고 있는 지금, 우리는 정말 흥미진진한 변화의 한가운데 있는 것 같아. 넌 이런 변화를 어떻게 생각해? 편의점의 다음 도전은 뭐가 될까?

1. 다음 중 편의점에서 판매하고 있는 식품이 아닌 것은 무엇일까?

① 삼겹살   ② 랍스터   ③ 팝콘   ④ 샌드위치

2. 동네 편의점에서 파는 식품들의 종류를 적어 보자.

----

3. 왜 편의점에서는 일부 신선 식품을 판매하지 않을까? 편의점에서 신선 식품을 판매
   한다면 어떤 장단점이 있는지 너희의 생각을 적어 보자.

----

4. 다음 문장이 맞으면 O, 틀리면 X를 적어 보자.

> 편의점에서 파는 삼겹살은 대형 마트보다 비싸다. (   )

 더 알고 싶어 119   📖도서 ▷영상 🔍사이트

🔍 **편의점서 삼겹살을…열흘 만에 천 마리분 팔아 (매일경제, 홍성용)**
편의점에서 삼겹살이 이렇게 잘 팔릴 줄 누가 알았을까? 간편식이 늘면서 '집밥 대체' 시장에서도 편의점이 점점 강해지고 있는 것 같아.

▷ **삼겹살에 스테이크까지… 유통 강자로 떠오른 편의점 (SBS 뉴스)**
이제 편의점은 단순히 간식만 파는 곳이 아닌 것 같아. 다양한 신선식품을 판매하면서 마트 못지않은 유통 채널로 성장하고 있대. 앞으로 얼마나 더 변화할까?

24시간 편의점이 많이 사라졌어

밤새워 불 켜던 편의점, 이제는 안녕!

새벽에 출출해서 라면이라도 먹으려고 편의점에 갔다가 '영업 종료' 푯말을 보고
당황했던 적 있지 않아? 한때 우리 동네 골목마다 24시간 불을 밝히던 편의점들이
하나둘 문을 일찍 닫기 시작했어. 대체 무슨 일이 있었던 걸까?
24시간 영업하던 편의점들은 왜 사라지고 있는 걸까?

학습 키워드 #심야영업 #24시간편의점 #최저임금과편의점

교과 연계 중1 > 사회 > 수요 법칙과 공급 법칙을 사례를 통해 도출하고 시장 가격이 결정되는 원리를 설명한다.

24시간 편의점의 현재와 과거

"아…, 배고프다. 컵라면이나 먹을까?" 시계를 보니 새벽 1시.

"괜찮아, 앞집 편의점은 24시간이니까~"

하지만 편의점 앞에 도착한 순간, 믿을 수 없는 광경이 펼쳐졌어.

"영업시간 오전 7시~오후 11시."

"엥? 여기 24시간 아니었나?"

불과 몇 년 전만 해도 우리 동네 골목골목마다 밤새 환하게 빛나던
편의점의 간판들. 마치 작은 등대처럼 늦은 밤 우리를 반겨 주던 그 불빛
들이 하나둘 꺼지기 시작했어. 도대체 무슨 일이 일어난 걸까?

"옛날에는 말이야~" 하고 시작하기는 좀 그렇지만, 진짜 옛날 이야
기를 좀 해 볼까? 한국에 처음 24시간 편의점이 생긴 건 1989년이래. 그

때는 정말 신기한 일이었대. "한밤중에도 물건을 살 수 있다고?", "새벽에도 라면을 먹을 수 있다고?" 모두가 놀랐지.

특히 대학가에서는 대박이었어. 시험 기간에 밤늦게까지 공부하는 학생들이 삼각김밥이랑 컵라면을 사려고 줄을 섰다나 봐. 직장인들도 좋아했대. 야근하다가 출출할 때 편의점만 한 게 없었거든.

그래서 편의점이 점점 많아졌어. 2000년대에는 정말 골목마다 24시간 편의점이 생겼지. 마치 우리나라가 잠들지 않는 나라가 된 것처럼!

근데 말이야, 이게 웃픈 일이 됐어. 밤새도록 편의점을 열어 두는 게 쉬운 일이 아니었거든. 첫째, 야간 알바생을 구하기가 하늘의 별 따기만큼 어려워졌어.

"야간 알바 구합니다! 시급 15,000원!"

"죄송합니다. 전 낮에만 일할래요…."

왜 그럴까? 요즘 사람들은 '워라밸'을 중요하게 생각하거든. 워라밸은 Work and Life Balance의 줄임말로, 일과 삶의 균형을 뜻해. 밤에 일하면 건강도 안 좋아지고, 일상생활도 엉망이 되니까 야간 알바를 되도록 피하는 거지.

둘째, 돈이 너무 많이 들어 가. 밤에 일하는 알바생한테는 시급을 50% 더 줘야 해. 게다가 밤새 에어컨이나 히터를 틀어 놓으니 전기세도 어마어마하지. 근데 정작 손님은 많이 없으니… 완전 적자 아니겠어?

실제로 편의점 주인들 말로는 밤 12시부터 새벽 6시까지의 매출이 하루 전체 매출의 10%도 안 된대. 그런데 들어가는 비용은 30% 정도나 된다니, 이건 완전 밑 빠진 독에 물 붓기잖아!

여기에 코로나19까지 찾아왔어. 사회적 거리 두기로 밤에 돌아다니는 사람이 확 줄었거든. 그러다 보니 많은 편의점들이 "아, 이제 그만~"

하면서 영업시간을 줄이기 시작한 거야.

편의점의 변화

그렇다고 다 나쁜 건 아냐! 편의점들이 새로운 변신을 시도하고 있거든. 예를 들어 '하이브리드 편의점'이라고 들어 봤어? 낮에는 일반 편의점으로 운영하다가 밤에는 무인 편의점으로 바뀌는 거야.

무인 편의점에서는 혼자서도 물건을 고르고 계산할 수 있어. 마치 큰 자판기 안에 들어와 있는 것 같달까? 심지어 어떤 편의점은 로봇이 물건을 정리한대. 완전 미래에 온 것 같지 않아?

배달 서비스도 시작했어. 배달의민족이나 쿠팡이츠 같은 앱으로 편의점 물건을 주문하면 집까지 가져다준대. 새벽에 편의점에 못 가도 배달로 라면을 시켜 먹을 수 있다니, 이것도 나쁘지 않은 것 같아!

재미있는 건, 이런 변화가 오히려 좋은 결과를 가져왔다는 거야. 편의점 주인들은 밤에 푹 자고 건강도 좋아졌대. 직원들도 더 이상 위험한 밤 근무를 안 해도 되고. 덕분에 낮 시간에 더 친절하고 상쾌한 서비스를 제공할 수 있게 됐지.

이제 우리의 생활 패턴도 바뀌고 있어. 미루던 장보기를 계획적으로 하게 된 거야. 이것도 일종의 경제 교육이라고 할 수 있지 않을까?

24시간 편의점의 시대는 저물어 가고 있어. 하지만 그 자리를 더 똑똑하고 효율적인 새로운 편의점들이 채우고 있지. 밤새 불을 켜던 편의점 대신 스마트한 새 친구를 맞이하는 중이야. 우리의 편의점 문화는 끝나는 게 아니라, 더 멋진 모습으로 진화하고 있는 거야.

1. 다음 중 24시간 편의점이 줄어들고 있는 이유가 아닌 것은 무엇일까?

　① 코로나19 팬데믹이 끝나서　　② 야간 아르바이트 시급이 높아서

　③ 워라밸을 중요하게 생각해서　　④ 야간 매출이 적어서

2. 24시간 편의점이 줄어들면서 좋아진 점과 불편해진 점은 무엇일까?

----

3. 편의점 직원들의 삶의 질과 소비자들의 편의성, 어떤 것이 더 중요할지 의견을 적어
보자.

----

4. '일과 삶의 균형을 뜻하는 말'을 뭐라고 하는지 써 보자.

　힌트 영어 줄임말, 3글자

 더 알고 싶어 119　　📖도서　▷영상　🔍사이트

🔍 **24시간 편의점들이 사라진다? (뉴스 티앤티)**
언제든 열려 있던 편의점이 문을 닫는 이유가 뭘까? 인건비 부담과 야간 손님 감소
가 겹치면서 '24시간 영업'이 더 이상 이익이 아니게 된 걸지도 몰라.

▷ **사라지는 '24시 편의점'…심야 영업 포기 속출 (연합뉴스 TV)**
밤새 불이 켜져 있던 편의점이 점점 줄고 있대. 시대가 바뀌면서 '항상 열려 있는 가
게'라는 이미지도 조금씩 변하고 있는 것 같아.

신기한 편의점
1+1 세일의 비밀

하나 더! 하나 더! 편의점 세일에 숨겨진 비밀

너희가 좋아하는 아이돌 굿즈를 1+1으로 판다면? 당장 뛰어가서 사고 싶겠지?
그런데 그렇게 하면 파는 쪽이 손해 아닌가? 편의점에서도 1+1, 2+1 행사를 하잖아.
우리는 신나지만 편의점은 괜찮을까? 이 수상한(?) 세일의 비밀을 함께 파헤쳐 볼까?

학습 키워드 #편의점판촉전략 #제조사협력 #고객유입효과
교과 연계 중1 > 사회 > 일상생활에서 접하는 다양한 시장의 사례를 조사하고 이를 토대로
시장의 의미와 필요성을 설명한다.

1+1 행사를 하는 이유

사실 1+1과 2+1 세일 행사에서 파는 물건에 드는 비용을 전부 편의점에서 부담하지는 않아. 이 행사는 대부분 물건을 만드는 제조사와 편의점이 협력해서 진행하는 판촉 활동이거든. 편의점은 고객이 많이 와서 매출이 늘어나는 걸 노리고, 제조사는 자기 회사의 제품을 더 많은 사람에게 소개하는 기회로 삼으려는 거지. 신제품 음료가 나오자마자 1+1 행사로 판매한다면, 이 음료를 마시고 마음에 든 소비자는 나중에 행사가 끝나도 다시 사 마실 가능성이 커지는 거잖아. 즉 1+1 세일은 단순히 당장 이익을 얻기 위한 게 아니라 고객을 장기적으로 확보하려는 걸 목적으로 해.

이런 행사를 열면 편의점에 오는 손님이 늘어나는 효과가 있어. 사

1+1 세일

람들이 1+1이나 2+1 세일을 하는 편의점에 가면 세일 상품만 사고 나가는 게 아니라 예상치 못한 다른 상품도 사게 되는 경우가 많거든. 예를 들어 음료 1+1 행사를 보고 들어온 손님이 삼각김밥이나 도시락, 간식까지 추가로 구매하면 편의점 입장에서는 매출이 늘어나는 거잖아. 세일 행사는 이런 식으로 세일 상품만 파는 게 아니라, 다른 상품도 사도록 유도하는 효과를 노린 거라고 할 수 있어.

세일 행사는 편의점의 재고를 관리하는 데도 중요한 역할을 해. 편의점에서 파는 상품들은 대부분 유통기한이 짧은 식품이 많아. 유통기한이 거의 다 되었는데 아직 팔지 못했다면 어쩔 수 없이 버려야 하기 때문에 폐기 비용이 발생하지. 하지만 1+1이나 2+1 행사로 재고 상품을 빠르게 판매한다면 재고를 소진하면서 폐기 손실도 줄일 수 있어. 즉 세일은 단순히 이익을 포기하는 것이 아니라 손해를 줄이기 위한 방법이기도 해.

1+1 행사의 특별한 효과

게다가 1+1 세일은 고객들을 자주 방문하게 해서 충성도를 높이는 데도 큰 도움이 돼. 사람들은 "이번에는 또 무슨 세일을 할까?" 하는 기대감에 편의점을 자주 찾게 되면서, 익숙한 쇼핑 장소로 자연스럽게 받아들이는 거지. 습관처럼 자주 방문하다 보면 길게 봤을 때 편의점에 큰 이익을 가져다 줄 가능성이 높아져. 결국 세일 행사는 편의점과 고객 사이의 관계를 돈독히 만들어 주는 역할을 하지.

또 하나 흥미로운 점은 사람들이 세일을 할 때 평소보다 물건을 더 많이 사는 경향이 있다고 해. 원래 음료수 한 병만 사려고 했던 사람도 1+1 행사 때문에 두 병을 가져가게 되잖아. 세일은 사람들의 소비 심리를 자극해서 더 많이 사게 만드는 효과가 있어. 세일은 소비자의 행동을 유도하는 강력한 도구이기 때문에, 편의점은 손해를 보기는커녕 오히려 매출도 늘리고, 브랜드에 대한 좋은 인상도 심을 수 있고, 재고도 효율적으로 관리하는 여러 가지 이점을 얻게 돼.

결론적으로 1+1과 2+1 세일은 단순히 물건을 더 주는 덤 행사가 아니라, 편의점과 제조사가 이익을 높이기 위해 협력해서 진행하는 판촉 전략이라고 볼 수 있어. 소비자 입장에서는 할인과 덤으로 이득을 보는 것 같지만, 사실 그 이득은 편의점의 장기적인 수익 전략 안에 포함된 것이지.

1. 다음 중 1+1 행사를 하는 이유가 아닌 것은 무엇일까?

① 편의점에 오는 손님이 늘어난다.　② 유통기한이 지난 제품을 처리한다.

③ 다른 상품도 사도록 유도한다.　　④ 신제품을 알리는 역할을 한다.

2. 평소에는 2,000원인 과자를 1+1으로 팔면 개당 얼마일까?

----

3. 왜 1,000원짜리 두 개보다 2,000원 1+1이 더 매력적으로 느껴지는지 생각을 적어
   보자.

----

4. 아래의 설명과 알맞은 이유를 서로 연결해 보자.

① 신제품 음료를 1+1 행사　　　　• ㄱ. 유통기한이 다 된 제품을 빨리
　　로 판매　　　　　　　　　　　　　　판매

② 세일 상품을 사러 온 고객　　　• ㄴ. 신제품을 더 많은 사람에게
　　이 다른 상품도 함께 구매　　　　　알림

③ 유통기한이 얼마 남지 않은　　• ㄷ. 매출을 늘리고 다양한 상품 구
　　상품 세일　　　　　　　　　　　　　매 유도

④ 세일이 자주 열리는 편의　　　• ㄹ. 기대감과 충성도 높이기
　　점 방문

 더 알고 싶어 119　　　📖 도서　▷ 영상　🔍 사이트

🔍 **편의점 1+1 행사로 알아보는 이익의 비밀** (프레임워크, 2024)
　 1+1 행사는 소비자만 이득 보는 걸까? 사실은 제조사와 편의점이 서로 이익을 나누
　 는 구조로 되어 있대. 단순한 할인 같지만, 잘 보면 마케팅 전략이 숨어 있어.

Week4 ● 18일차　　□년 □월 □일

상품 진열로 보는
편의점 마케팅

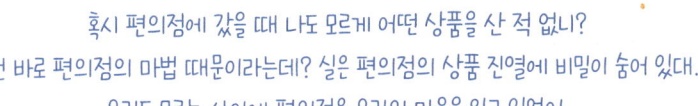

진열대의 숨은 비밀: 편의점 마케팅의 은밀한 전략

혹시 편의점에 갔을 때 나도 모르게 어떤 상품을 산 적 없니?
그건 바로 편의점의 마법 때문이라는데? 실은 편의점의 상품 진열에 비밀이 숨어 있대.
우리도 모르는 사이에 편의점은 우리의 마음을 읽고 있었어.

학습 키워드 #음료냉장고위치 #계산대옆충동구매상품 #중앙인기상품배치 #아이스크림냉장고전략
교과 연계 중2 > 통합사회 > 합리적 선택의 의미와 그 한계를 파악하고 지속 가능한 발전을 위해
요구되는 정부, 기업가, 노동자, 소비자의 바람직한 역할과 책임을 탐구한다.

편의점 진열대의 비밀

편의점에 가면 가장 먼저 눈에 띄는 곳이 바로 계산대 옆 진열대야.
이곳에는 주로 충동구매를 부르는 상품들이 진열되어 있어. 껌이나 초콜
릿, 사탕 같은 소소한 간식거리들이 대부분이지. 계산을 기다리는 동안 무
의식적으로 이 상품들에 시선이 가고, 결국 구입하는 경우가 적지 않아.

또 편의점 입구 쪽에는 대부분 음료수 냉장고가 있어. 이는 목이 말
라서 편의점을 찾는 사람이 많기 때문이야. 밖에서 음료수 냉장고를 보
고 들어온 손님이 매장에서 다른 상품을 구경하게 만드는 효과도 있지.

편의점 가운데 선반에는 주로 과자와 같은 스낵들이 진열되어 있어.
이 위치는 손님들의 시선이 자연스럽게 가장 많이 머무는 곳이야. 따라
서 신상품이나 프로모션 중인 상품들을 이곳에 진열해서 손님들의 관심

을 끌려고 하지.

삼각김밥이나 샌드위치, 도시락 같은 즉석식품은 보통 매장 한쪽 벽면을 차지하고 있어. 이는 손님이 매장을 한 바퀴 돌면서 다른 상품들을 구경하게 만드는 효과가 있지. 또한 이곳 근처에 전자레인지를 놓아두어서 구입한 식품을 바로 데워 먹을 수 있게 해 놓았어.

편의점 구석에는 주로 생활용품이나 의약품 등이 진열되어 있지. 이런 상품들은 급하게 필요할 때만 찾는 경우가 많아서, 구석에 있더라도 고객들이 찾아서 구입하는 편이야.

계절상품이나 특별 행사 상품은 주로 매장 중앙이나 입구 쪽에 별도의 진열대를 만들어서 전시하고 있어. 이렇게 하면 손님의 시선을 끌기 쉽고, 계절에 따른 마케팅 효과도 높일 수 있지.

편의점에 숨겨진 마케팅 전략

편의점에서 상품을 진열할 때는 고객이 어떻게 이동하는지 동선을 고려해서 결정한다고 해. 보통 오른쪽으로 돌아서 매장을 둘러보는 경우가 많다는 점을 이용해서, 주요 상품들은 오른쪽에 더 많이 배치하기도 한대.

가격 표시도 마케팅에서 중요해. 1,000원짜리 상품을 990원으로 표시해서 심리적으로 더 싼 것처럼 느끼도록 만들거든. 이는 소비자의 구매 심리를 자극하는 고전적인 방법이지.

편의점은 또한 '묶음 판매'도 자주 하고 있어. 음료와 과자를 세트로 판매하거나, 2+1 행사를 진행하는 식이지. 이는 고객의 구매량을 늘리는 효과적인 방법이라고 해.

조명도 중요한 마케팅 요소 중 하나야. 밝고 눈에 띄는 조명을 사용해서 상품을 더욱 매력적으로 보이게 만들지. 특히 신선 식품 코너는 더욱 밝은 조명을 사용해서 상품의 신선도를 강조하고 있어.

편의점의 마케팅 전략은 계속해서 진화하고 있대. 최근에는 디지털 기술을 활용한 마케팅도 늘어나고 있다고 해. 디지털 광고판을 밖에 설치해서 실시간으로 신제품 동영상을 보여 준다거나, 전용 앱을 만들어서 손님에게 맞는 맞춤형 쿠폰을 제공하는 서비스가 이루어지고 있대.

다음에 편의점에 갈 때는, 여기서 알게 된 것들에 신경 쓰면서 어떤 상품이 어디에 진열되어 있는지, 왜 그 위치에 놓여 있는지 생각해 보면 어떨까? 새로운 시각으로 편의점을 바라보는 건 생활 속 마케팅 공부를 시작하는 출발점이 될 수 있을 거야.

1. 다음 중 편의점 입구 쪽에 음료수 냉장고가 있는 이유는 무엇일까?

① 목이 말라 편의점을 찾는 사람이 많아서
② 충동구매를 유도하기 위해서
③ 손님들의 시선이 자연스럽게 머무는 곳이라서
④ 계절에 따른 마케팅 효과를 높이기 위해서

2. 편의점에 가서 상품이 어떻게 진열되어 있는지 살펴보자. 어떤 상품은 왜 눈에 잘 띄는 곳에 진열되어 있을까? 소비자의 구매 심리를 자극하기 위한 편의점의 마케팅 전략에는 어떤 것들이 있을까?

---

3. 상품을 진열하는 방식이 소비자의 구매 결정에 어떤 영향을 미칠지 너희의 생각을 적어 보자.

---

4. 삼행시 짓기. '편의점' 세 글자를 이용해 편의점의 특징이나 느낌을 담은 삼행시를 만들어 보자.

더 알고 싶어 119

도서　영상　🔍사이트

🔍 **이곳에 올려놓으면 매출 20~30% 껑충 편의점 '골든 존'의 비밀** (머니투데이, 이재은)
편의점에서 어떤 자리에 물건을 두면 매출이 확 달라질까? 계산대 근처나 눈높이에 맞춘 진열대가 '골든 존'이라 불린대. 사람의 시선이 머무는 위치를 노린 전략이지 않을까?

▶ **나도 모르게 지갑이 열린다고? '편의점 상품 진열의 법칙'** (팍스탁)
진열 방식만 달라도 구매율이 달라진다는 거, 신기하지 않아? 색깔이나 진열 순서, 조명까지 세심하게 계산돼 있다니, 그냥 우연은 아닌 것 같아.

편의점으로 알아보는
유통 경제

편의점 경제학: 삼각김밥 한 개로 배우는 세상의 비밀

편의점에서 삼각김밥 사 먹어 본 적 있지?
그 작은 삼각김밥 하나에 세상의 비밀이 숨어 있다고 하면 믿겨지니?
놀랍게도 그 안에는 경제의 거대한 흐름이 담겨 있대.

학습 키워드 #PB상품 #가격결정요인 #상품회전율 #상품구색 #영업시간전략
교과 연계 중2 > 사회 > 세계 여러 지역의 자원과 산업 분포를 조사하고, 나라 간 분업과 무역이
이루어지는 이유를 이해하며, 이를 통해 나타나는 상호 의존 관계를 탐구한다.

삼각김밥의 가격은 어떻게 정해질까?

삼각김밥이 어떻게 편의점까지
왔는지 생각해 봐. 농부가 기른 쌀과
어부가 양식한 김, 가공 공장에서 만
든 참치⋯ 이 모든 게 모여 하나의
삼각김밥을 만들잖아. 식품이 만들
어지는 이런 과정을 '공급망'이라고
해. 마치 게임에서 아이템을 조합하
는 것처럼 여러 재료가 모여서 하나
의 상품을 만드는 거지.

　그럼 삼각김밥의 가격은 어떻게 정해질까? 재료비, 인건비, 운송비

등 여러 비용에 적당한 이윤을 더해서 정하는 거야. 근데 재미있는 건 경쟁하고 있는 다른 편의점의 가격도 생각해서 결정한다고 해. 삼각김밥이 팔리는 속도도 중요해. 이걸 '회전율'이라고 하는데, 당연히 빨리 팔릴수록 좋겠지? 유통기한이 짧은 상품은 빨리 팔아야 하니까 말이야. 편의점은 삼각김밥만 파는 게 아니라 여러 상품을 팔고 있어. 이걸 '상품 구색'이라고 해. 손님들이 원하는 상품을 다양하게 갖춰 놓는 거지.

편의점은 유통 경제의 축소판

이처럼 편의점은 유통 경제의 축소판이라고 할 수 있어. 우선 편의점은 최종 소비자에게 상품을 판매하는 대표적인 '소매' 가게야. 편의점은 대형 마트나 백화점과 달리 작은 규모로 운영되고 대부분 가까운 곳에 있어서 접근성이 높지. 이는 현대 사회에서 점점 더 중요해지는 '근접 유통' 트렌드를 잘 보여 주고 있어.

편의점의 유통 구조를 살펴보면 더욱 흥미롭단다. 대부분의 편의점은 '프랜차이즈' 형태로 운영되고 있어. 본사가 브랜드와 운영 시스템을 제공하고, 각 가게의 점주들이 매장을 실제로 운영하는 방식이야. 이는 현대 유통업계에서 흔히 볼 수 있는 비즈니스 모델이지.

편의점에서 파는 상품들이 어떤 것들인지 살펴보면 유통 경제의 핵심인 '수요와 공급'에 대해서도 알 수 있어. 편의점에서 파는 상품들은 대부분 일상생활에서 자주 필요로 하는 것들이잖아. 따라서 소비자의 수요를 정확히 파악해서 그에 맞는 상품을 공급하는 유통의 기본 원리가 충실하게 작동하는 걸 볼 수 있지. 그렇기 때문에 유통에서 가장 중요한 '재고 관리'도 편의점에서 배울 수 있어. 편의점은 작은 공간에 다양한 상품을 갖다 놓고 팔기 때문에 특히 재고를 잘 관리해야 해. 재고가 너무 많으면 비용이 늘어날 거고, 너무 적으면 판매할 기회를 잃게 되는 거잖아. 그래서 편의점 본사에서는 첨단 IT 시스템을 이용해 실시간으로 재고를 관리하고 있어.

'가격 책정 전략'도 편의점을 통해서 알 수 있는 유통 경제의 중요한 부분이야. 편의점 상품은 대형 마트에 비해 조금 비싼 편인데, 이는 손님이 '편의성'에 대한 대가를 내는 거라고 할 수 있어. 24시간 언제든 필요한 물건을 살 수 있다는 편리함 때문에 소비자들이 조금 더 높은 가격을 지불하는 거지.

편의점은 또한 '라스트 마일 딜리버리'의 중요한 거점이야. 온라인 쇼핑몰에서 주문한 상품을 근처 편의점에서 찾아가는 서비스가 대표적이지. 이는 온라인과 오프라인을 연결하는 '옴니 채널' 전략의 한 부분을 담당하고 있는 셈이야.

유통 경제의 원리를 체험할 수 있는 공간

편의점의 'PB(자체 브랜드) 상품'도 눈여겨봐야 해. 이는 유통업체에서 직접 기획해서 생산하는 상품이야. 중간 유통 단계를 줄여서 싼 가격에 질 좋은 제품을 판매하는 전략에서 만들어진 거지. 최근에는 품질도 많이 좋아져서 큰 인기를 끌고 있다고 해.

'결제 시스템의 변화'도 편의점에서 확인할 수 있어. 현금, 신용카드뿐만 아니라 모바일 페이나 QR코드 결제 같은 다양한 방식으로 결제할 수 있게 되었지. 이는 금융과 유통의 융합, 이른바 '핀테크'가 얼마나 발전했는지를 확인할 수 있는 증거이기도 해. 편의점은 '지역 경제'와도 밀접한 관련이 있어. 동네 곳곳에 자리한 편의점은 지역 주민들의 일상생활을 지원하고, 동시에 그 지역의 고용을 창출하는 데도 보탬이 되고 있어. 유통업이 지역 경제에 미치는 영향을 잘 보여 주는 훌륭한 사례인 거지.

　최근에는 '무인 편의점'이 등장하면서 유통업의 새로운 변화를 예고하고 있어. 인건비 절감과 24시간 운영의 효율성을 높이고, 비대면 거래에 대한 수요가 증가한 것에 대응하는 전략이지.

　편의점은 또한 '빅데이터의 활용 가치'를 잘 보여 줘. 수많은 고객들의 구매 데이터를 분석해서 상품 구성이나 진열 방식, 프로모션 등을 최적화하는 데 활용하고 있지. 환경에 대한 관심이 높아지면서 편의점도 변화하고 있어. 일회용품 사용을 줄이고, 친환경 패키지를 도입하는 등의 노력을 기울이고 있지. 이는 유통업에서도 '기업의 사회적 책임CSR'이 중요해지고 있음을 드러내는 증거야.

　편의점의 요모조모를 잘 살펴보면 유통 경제의 다양한 측면이 담겨 있다는 걸 알 수 있어. 소매업의 기본 원리부터 최신 유통 트렌드까지 배울 수 있는 편의점은 살아 있는 경제 교과서라고 할 수 있지. 편의점을 통해 유통 경제의 원리를 직접 체험하고 생활 속 경제 공부를 시작해 보는 건 어때?

1. 다음 중 삼각김밥이 팔리는 속도를 뜻하는 용어는 무엇일까?

① 평균율 　　　　② 회전율 　　　　③ 판매율 　　　　④ 지속율

2. 온라인 쇼핑몰에서 주문한 상품을 근처 편의점에서 찾아가는 서비스를 의미하는 용어는 무엇일까?

---

3. 편의점에서 물건을 살 때 결제할 수 있는 방법에는 어떤 것들이 있는지 적어 보자.

---

4. 삼행시 짓기. '편의점' 세 글자를 이용해 편의점의 특징이나 느낌을 담은 삼행시를 지어 보자.

편 – _____
의 – _____
점 – _____

더 알고 싶어 119　　　　📖 도서　▶ 영상　🔍 사이트

🔍 **편의점 35년, 백화점 매출 넘었다** (매일경제, 김시균)
이젠 편의점이 백화점보다 매출이 많다니 놀랍지 않아? 작은 가게로 시작했지만 생활 속 모든 걸 해결해 주는 공간으로 바뀐 덕분일 거야. 앞으로는 또 어떤 모습으로 진화할까?

편의점에서 택배 보내기

편의점, 택배의 새로운 허브: 언제 어디서나 세상과 연결되는 창구

친구에게 보낼 물건이 생겼는데 우체국은 문을 닫았고 택배 회사는 연락하기 어려운 상황, 한 번쯤 겪어 본 적 있지 않니? 이런 일이 생겨도 걱정하지 마. 동네 어디에나 있는 편의점에서 택배 서비스를 이용할 수 있잖아. 이 간편하고 혁신적인 서비스가 어떻게 우리 일상을 변화시키고 있는지 함께 알아보자.

학습 키워드	#24시간이용가능 #접근성좋은위치 #다양한결제방식 #다양한물품배송가능
교과 연계	중1 > 사회 > 우리 생활 속 다양한 시장의 모습을 조사하고 시장이 왜 필요한지 사례를 통해 이해한다.

편의점 택배 이용해 봤니?

편의점 택배 서비스의 가장 큰 장점은 접근성이야. 편의점은 24시간 운영되기 때문에 시간에 구애받지 않고 택배를 보낼 수 있어. 늦은 밤 과제를 마무리하고 자료를 보내야 할 때, 편의점 택배를 이용하면 정말 편하게 보낼 수 있지.

이용 방법도 간단해. 포장된 물건을 들고 편의점을 방문하기만 하면 되거든. 편의점에 설치된 무인 단말기에 받는 사람의 주소를 입력하고, 물품의 크기와 무게를 선택하면 접수가 완료돼. 스마트폰 앱을 이용하듯이 쉽고 간단하게 할 수 있지. 결제 방식이 다양해진 것도 눈여겨봐야 해. 현금이나 카드는 물론 다양한 모바일 결제 수단을 지원하면서 결제하기가 정말 편해졌거든. 특히 청소년들이 자주 이용하는 교통 카드로도 결제가 가능해서 현금을 들고 다닐 필요가 없단다.

택배를 보낼 때 주의해야 할 점은 받을 사람의 주소나 연락처를 정확하게 적어야 한다는 거야. 최근에는 휴대폰 번호만 있어도 배송할 수 있어서 더 편리해졌어. 택배를 안전하게 보내려면 꼼꼼하게 포장해야 하지. 다행히 대부분의 편의점에서 포장용 박스나 안전 봉투를 사서 즉석에서 포장할 수도 있어.

다양한 편의점 택배 서비스

편의점 택배는 여러 택배 회사 중에 선택할 수 있다는 특징도 있어. 편의점 브랜드에 따라서 제휴 택배 회사가 다르니까, 적당한 곳을 선택해서 보낼 수 있거든. 택배를 받을 때도 편의점을 이용할 수 있지. 집에 사람이 없을 때 편의점으로 배송받는 '편의점 픽업' 서비스는 분실 걱정 없이 안전하게 물건을 받을 수 있는 좋은 방법이야. 바쁜 학생이나 혼자 사는 직장인들에게 꼭 필요한 서비스라고 할 수 있지. 편의점 택배는 환경적인 측면에서도 긍정적인 영향을 끼쳐. 여러 집을 방문하는 대신 편의점 한 곳에 여러 물품을 맡길 수 있어서 운송 과정에서 생길 수 있는 탄소 배출을 줄일 수 있기 때문이야.

기술 발전과 함께 편의점 택배 서비스도 계속 진화하고 있어. AI를 활용한 무인 시스템이 도입되고 있고, 생체 인식을 통해 보안도 더 강화되고 있어. 미래에는 드론을 이용한 배송도 가능해질지 몰라.

편의점 택배 서비스는 단순히 물건을 주고받는 것을 넘어, 시간과 공간의 제약을 극복하고 효율적으로 자원을 활용하는 스마트한 솔루션으로 자리 잡고 있어. 앞으로 택배 보낼 일이 있다면 편의점에 들러 보는 건 어때?

1. 다음 중 편의점 택배 서비스와 관련 없는 내용은 무엇일까?

① 편의점 택배의 가장 큰 장점은 접근성이다.

② 교통 카드로도 결제할 수 있다.

③ 포장 박스를 무료로 제공한다.

④ 휴대폰 번호만 알아도 배송할 수 있다.

2. 집에 사람이 없을 때 편의점으로 배송받는 서비스를 뭐라고 할까?

3. 편의점에서 제공하는 택배 서비스가 편의점과 소비자에게 어떤 이점을 줄 수 있는 지 적어 보자.

----

4. 다음 편의점 택배 이용 절차를 올바른 순서대로 나열해 보자.

> ㄱ. 무인 단말기에 받는 사람 주소(또는 휴대폰 번호)를 입력한다.
>
> ㄴ. 영수증(송장)을 부착하고 접수함에 넣거나 직원에게 전달한다.
>
> ㄷ. 포장된 물건을 준비해 편의점을 방문한다.
>
> ㄹ. 물품의 크기와 무게를 선택한다.
>
> ㅁ. 현금/카드/모바일/교통 카드 등으로 결제한다.

 더 알고 싶어 119　　　📖 도서　▶ 영상　🔍 사이트

🔍 **'편의점에 직접 가지 않아도 되는' 편의점 택배, CU가 선보인다** (헬로티, 김재황 기자)
이젠 편의점에 가지 않아도 택배를 보낼 수 있다니 신기하지 않아? 기술과 서비스가 결합되면서 '편의점'의 개념이 점점 더 확장되는 것 같아. 언젠간 집에서도 바로 연결되는 시대가 올지도 몰라.

🔍 **편의점 택배 시장 '쑥'…점유율 경쟁 '치열'** (뉴스토마토)
편의점 택배 시장이 이렇게 커질 줄 누가 알았을까? CU, GS25, 세븐일레븐까지 서로 점유율을 높이기 위해 다양한 서비스를 내놓고 있대. 이제 택배도 '편리함'이 승부처가 된 셈이야.

용돈으로 시작하는 투자의 세계, 청소년 투자자 이야기

용돈은 어디에 쓰고 있니? 과자를 사거나 게임 아이템을 사니? 아니면 저금통에 차곡차곡 모으고 있니? 그런데 너희 또래 시절부터 돈을 모으고 불려서 세계적인 투자자가 된 사람이 있어. 바로 워렌 버핏이야. 그의 어린 시절 이야기를 들어 볼까?

열한 살 워렌 버핏의 특별한 경제 수업

세계 최고의 투자자로 불리는 워렌 버핏이 주식 투자를 처음 한 나이는 겨우 11살이었어. 놀랍지? 하지만 그보다 더 놀라운 건 투자 금액이야. 워렌은 석유회사 Cities Service의 우선주 3주를 한 주당 38달러, 총 114달러 어치 만큼 샀어(오늘날의 돈으로 계산하면 약 300만 원이야). 어린 나이에 큰돈이었지.

처음 투자한 주식은 27달러까지 떨어졌어. 밤마다 걱정하며 잠을 설쳤지만 버핏은 포기하지 않았어. 결국 주가가 40달러로 오르자 팔아서 작은 수익을 남겼지. 하지만 며칠 뒤 그 주식은 200달러 가까이까지 치솟았어. 이때 워렌은 평생 잊지 못할 교훈을 얻었어. "좋은 기업의 주식은 오래 보유해야 한다."

어린 장사꾼에서 시작된 투자 감각

워렌은 어려서부터 남달랐어. 6살 무렵, 이웃집을 돌아다니며 코카콜라 6병 묶음을 25센트에 사서 병당 5센트에 팔아 이익을 남겼지. 할아버지 가게에서 껌을 팔며 장사 요령도 배웠어. 10살에는 아버지가 일하던 증권회사를 따라가서 뉴욕증권거래소^{NYSE}를 직접 구경하기도 했어. 분주한 트레이더들과 수많은 숫자가 오가는 광경에 어린 버핏의 가슴이 뛰었대.

10대 때 떠올린 어린 CEO의 사업 아이디어

워렌은 14살 때 신문 배달로 모은 돈으로 농지를 사서 농부에게 임대해 수익을 냈어. 고

등학교 시절엔 중고 핀볼 기계 한 대를 25달러에 사서 이발소에 설치했지.

이 사업은 점점 커져 몇 대로 늘었고 나중에 1,200달러(현재 약 3100만 원의 가치)에 기계를 모두 매각했어. 당시 어른들의 월급보다 더 많은 돈을 번 거야. 이런 경험 덕분에 워렌은 "돈이 어떻게 일하는지" 어린 나이에 직접 배울 수 있었어.

투자 원칙과 성공 비결

워렌의 투자 원칙은 아주 단순했어.

> 내가 이해할 수 있는 사업에만 투자하기
> 좋은 기업은 오래 보유하기
> 욕심내지 않고 차근차근하기
> 항상 공부하고 배우기

그가 기업을 고를 때 던진 질문도 단순했지.

> "내가 이 회사 제품을 쓰고 있나?"
> "10년 뒤에도 이 회사가 잘될까?"
> "빚이 너무 많지는 않나?"
> "경영진은 믿을 만한가?"

워렌은 코카콜라 같은 누구나 알고 사랑하는 브랜드를 특히 좋아했어. 어린 시절부터 매일 수백 쪽 책을 읽으며 경제·투자 지식을 쌓았고, 지금도 하루 대부분을 독서와 공부에 쓰고 있지. 워렌은 말했어.

"투자는 돈을 버는 것보다 현명한 판단을 배우는 과정이에요."

너희도 지금부터 투자 공부를 시작해 보는 건 어때? 워렌 버핏이 어린 시절 작은 용돈으로 시작해 큰 성공을 이룬 것처럼, 투자는 큰돈이 필요하지 않아. 관심 있는 기업을 찾아서 공부하고, 부모님과 경제 뉴스를 이야기해 보는 것도 훌륭한 첫걸음이야. 작은 저금통 속 동전이 미래의 기회를 만드는 씨앗이 될 수 있단다. 너희도 오늘부터 투자의 세계를 배워 보는 건 어떨까?

우리나라 경제는 이렇게 자랐어요

3부

우리나라 최초의 돈은?

타임머신 타고 떠나는 돈의 역사 여행: 조개껍데기에서 비트코인까지

갑자기 타임머신을 타고 조선 시대로 갔어. 배가 고파서 떡볶이를 사 먹고 싶은데,
아차! 주머니에 있는 건 지폐뿐이야. 조선 시대 사람들이 종이돈을 보면 뭐라고 할까?
우리나라 최초의 돈은 과연 어떤 모습이었을까?

학습 키워드　#조개껍데기화폐 #철화폐 #건원중보 #상평통보 #당백전
교과 연계　중1 > 사회 > 생활 속에서 볼 수 있는 다양한 시장의 모습을 조사하고
시장이 우리 생활에 왜 필요한지 사례를 통해 이해한다.

재미있고 신기한 돈의 역사

우리나라 최초의 돈이 어떻게 생겼는지 본 적 있니? 사실 정확히
'최초'라고 말할 수 있는 돈을 찾기는 어려워. 왜냐하면 돈의 형태가 시
대에 따라 계속 변했기 때문이지. 하지만 우리 조상들이 어떤 것을 돈처
럼 사용했는지는 알 수 있어.

가장 오래된 형태의 '돈'은 조개껍데기였어. 놀랍지? 지금으로부터
약 3000년 전, 우리 조상들은 조개껍데기로 물건을 사고팔았대. 만약 지
금도 조개껍데기로 물건을 살 수 있다면 바닷가에 사는 친구들이 부자
가 되겠네.

그다음으로는 '붓'을 돈 대신 사용했대. 옛날에는 붓이 귀중품이라
서 돈처럼 사용했다지 뭐야. 만약 그 시대로 돌아간다면, 필통이 지갑이

되는 셈이지.

삼국시대에는 '철'로 만든 돈을 사용했어. 가야에서는 철로 만든 덩어리를 돈처럼 썼다고 해. 가야 부자들의 지갑은 얼마나 무거웠을까? 팔 운동을 따로 할 필요가 없었을 것 같아.

최초의 동전은 고려 시대에 만들어졌어. '건원중보'라는 이름의 동전은 지금의 1원짜리 동전처럼 생겼대. 이 동전의 가치는 쌀 1되(약 1.8리터)였다고 해. 지금 1원이면 아무것도 살 수 없는데, 그때는 꽤 큰돈이었나 봐.

조선 시대에는 '상평통보'라는 동전이 가장 유명했어. 가운데 네모난 구멍이 뚫려 있는 게 특징이지. 조선 시대에는 동전 말고도 특이한 '돈'들이 있었어. '베'라는 천을 돈 대신 쓰기도 했대. 지금도 옷감으로 물건을 살 수 있다면 재밌겠다. 심지어 쌀로도 세금을 냈는데, 이걸 '전세'라고 불렀대.

최초의 지폐 등장

최초의 지폐는 1891년에 등장했어. '당백전'이라고 불렸지. 하지만 이 지폐는 오래가지 못했어. 왜냐고? 너무 많이 찍어 대서 가치가 떨어졌거든. 1902년에는 '원'이라는 화폐 단위가 처음 등장했어. 당시 1원은 지금의 약 5만 원 정도의 가치였어. 100년 전으로 돌아가서 1원짜리 지폐를 들고 온다면 꽤 큰돈을 가져오는 셈이겠네! 일제강점기에는 '조선

은행권'이 사용됐어. 하지만 이건 우리 돈이라기보다 일본이 강제로 사용하게 한 돈이었어. 이 시기의 지폐에는 일본 글자가 더 크게 쓰여 있었대. 돈으로 우리나라를 지배하려 했던 거지.

광복 이후에도 조선은행권을 계속 쓰다가 1950년이 되어서야 '한국은행권'으로 바뀌었어. 드디어 우리만의 돈이 생긴 거야! 이때 돈을 바꾸느라 전국이 난리가 났다지 뭐야. 1962년에는 '환'에서 다시 '원'으로 바뀌었어. 이때 10환이 1원이 됐지.

현재 우리가 쓰는 지폐의 모습은 1972년부터 시작됐어. 물론 그 사이 디자인은 여러 번 바뀌었지만. 1,000원 권에 그려진 분은 누구일까? 맞아. 퇴계 이황 선생님이야! 최근에는 1원이나 5원짜리 동전을 찾아보기 어려워졌어. 사용하는 데도 없고, 만드는 비용도 더 들기 때문이래.

최근에는 '비트코인' 같은 가상화폐도 생겼어. 이건 컴퓨터 안에만 존재하는 돈이래. 미래에는 어떤 돈을 쓰게 될까?

우리 돈이 이렇게 다양한 모습으로 변했다니 놀랍지 않니? 다음에 용돈을 받을 때는 돈의 역사를 한 번쯤 떠올려 봐. 지금 우리가 쓰는 돈이 얼마나 긴 여정을 거쳐 왔는지 생각하면 더 소중하게 느껴지지 않을까?

1. 다음 중 가장 오래된 형태의 돈은 무엇일까?

① 조개껍데기   ② 쌀   ③ 붓   ④ 금

2. 가운데 네모난 구멍이 뚫려 있는 게 특징인 조선 시대에 등장한 동전의 이름은 무엇
일까?

----

3. 우리나라 최초의 돈의 모양과 특징을 조사해 보자. 왜 그런 형태의 돈이 사용되었을
까? 최초의 돈과 현재 사용하는 돈을 비교하고 돈의 형태 변화가 경제 활동에 미친 영
향에 대해 이야기해 보자.

----

4. 다음 문장을 읽고 맞으면 O, 틀리면 X를 괄호 안에 적어 보자.

> 조개껍데기는 우리나라에서 사용된 가장 오래된 형태의 돈이다. (　　　)
>
> 가야에서는 '금' 덩어리를 돈처럼 사용했다. (　　　)

👍 **더 알고 싶어 119**   📖 도서   ▷ 영상   🔍 사이트

🔍 **우리나라 최초의 동전과 지폐는 무엇일까? (우리문화신문, 전수회)**
처음으로 만들어진 우리나라의 동전과 지폐는 어떤 모습이었을까? 시대마다 화폐의
모양과 재료가 달라진 걸 보면, 돈에도 그 시대의 문화와 기술이 담겨 있는 것 같아.

▷ **대구에서 최초의 한국은행권이 발행된 사실을 아시나요? (ch B tv 대구)**
한국은행권이 처음 만들어진 곳이 서울이 아니라 대구였다니 흥미롭지 않아? 당시
의 경제 상황과 지역의 역할을 함께 보면, 우리나라 화폐의 시작이 좀 더 생생하게
느껴질 거야.

우리나라 경제는 어떻게 성장했을까?

대한민국 경제 성장 대작전: 무일푼에서 세계 10위 경제 대국까지!

용돈이 매년 두 배씩 늘어난다면 어떨까? 놀랍게도 우리나라 경제는 이것보다 더 빠르게 성장했어! 불과 60년 만에 세계 10위권의 경제 대국이 되었지. 판타지 영화 같은 우리나라의 경제 성장 이야기, 함께 살펴보자.

학습 키워드 #경제개발5개년계획 #수출주도성장 #중화학공업 #새마을운동 #반도체산업

교과 연계 중1 > 사회 > 시장과 정부가 어떻게 경제 문제를 해결하는지 조사하고 서로의 역할을 비교하며 바람직한 경제 운영 방법을 탐구한다.

경제개발 5개년 계획

1950년대, 한국전쟁 후 우리나라는 세계에서 가장 가난한 나라 중 하나였어. 국민 한 사람당 1년간 버는 소득이 67달러, 지금 돈으로 약 8만 원 정도였대. 이건 요즘 너희가 한 달 동안 받는 용돈보다도 적은 금액이야. 1960년대부터 본격적인 경제 개발을 시작했지. 이때 정부는 '경제개발 5개년 계획'이라는 걸 세웠대. "5년 안에 경제를 이만큼 성장시켜라!"라고 하는 퀘스트 같은 거였어. 우리나라는 이 시기에 수출에 집중했는데 특히 섬유, 신발, 가발 같은 것들을 많이 수출했지.

1970년대에는 중화학공업에 집중했어. 철강, 조선, 자동차 산업을 키웠지. 이때 우리나라는 마치 '나무를 철로 만드는 연금술사' 같았어. 아무것도 없는 상태에서 거대한 공장들을 세웠거든. 이 시기에는 새마을

운동도 시작됐어. 농촌을 발전시키기 위한 운동이었지.

1980년대에는 전자 산업이 발전하기 시작했어. TV, 냉장고 같은 가전제품을 만들어서 수출했지. 이때부터 우리나라 브랜드가 처음으로 세계 시장에서 유명해지기 시작했어. 1990년대에는 반도체 산업이 크게 성장했단다. 반도체는 지금도 우리나라 최고의 수출 품목이지. 2000년대 들어서는 IT 산업이 빠르게 발전했어. 인터넷, 스마트폰 등이 우리의 생활을 완전히 바꿔 놓았지.

우리나라 경제가 빠르게 성장한 비결

이렇게 우리나라 경제가 빠르게 성장한 비결은 뭘까?

첫째, 교육에 대한 열정이 컸어. 우리 부모님, 할아버지 할머니 세대는 공부를 정말 열심히 했대. 1960년대에는 중학교 진학률이 40%도 안 됐는데, 지금은 거의 100%야. 대단하지?

둘째, 성실한 국민성이 한몫했어. 우리 국민은 정말 열심히 일했대. 1970년대에는 1주일에 6일, 하루 12시간씩 일하는 게 보통이었다고 해.

셋째, 수출 중심 전략이 성공했어. '한국 제품' 하면 품질 좋고 값싼 제품으로 세계적으로 유명하지. 1970년대에는 '새마을 자동차'를 수출했는데, 지금은 현대, 기아 자동차가 세계 곳곳을 달리고 있어.

넷째, 정부의 적극적인 지원이 있었어. 정부가 앞장서서 경제 발전 계획을 세우고 실천했지.

다섯째, 창의적인 기업가 정신이 있었어. 삼성, 현대, LG 같은 기업들이 세계 시장에 도전했거든. 삼성의 창업자는 처음에 작은 식료품 가게로 장사를 시작해서 세계적인 기업을 만들었대. 대단하지?

빠른 경제 성장의 문제점

하지만 우리나라 경제가 빠르게 성장하는 과정에도 문제점이 있었어. 성장에만 초점을 맞추다 보니 환경 문제가 생긴 거야. 공장에서 나오는 오염 물질 때문이지. 그리고 경제 성장의 혜택이 모든 사람에게 골고루 돌아가지 않는 문제도 있었어. 빈부 격차가 생긴 거지. 대기업 중심의 경제 성장 때문에 중소기업들이 어려움을 겪기도 했어. 노동 시간이 너무 길어서 삶의 질이 떨어지는 문제도 생겼지. 한때는 우리나라 사람들의 연평균 노동 시간이 2,500시간이 넘었대. OECD 국가 중 1위였지. 최근에는 출산율이 떨어지면서 고령화가 빠르게 진행되는 게 문제야. 이대로 가면 2050년에는 우리나라 인구의 40%가 65세 이상 노인이 된대. 그래서 요즘에는 이런 문제들을 해결하면서 지속 가능한 성장을 이루기 위한 노력을 하고 있어. 태양광, 풍력 발전 같은 환경친화적인 산업을 키우는 게 대표적이지. 일과 삶의 균형을 위해 주 52시간 근무제를 실시하며 노동 시간을 줄이고 있고, 복지 정책도 강화해서 모든 사람이 경제 성장의 혜택을 누릴 수 있게 돕고 있지. 중소기업과 벤처기업을 지원해서 새로운 성장 동력을 만들려고도 노력하고 있어. 너희도 좋은 사업 아이템을 찾는다면 미래의 스티브 잡스가 될 수 있을지도 몰라!

놀라운 대한민국 경제 성장 이야기, 어땠어? 우리나라가 이렇게 빠르게 성장했다는 게 믿기지 않지? 하지만 아직 가야 할 길이 많이 남아 있어. 앞으로 우리나라 경제는 어떻게 될까? 4차 산업혁명, 인공지능, 로봇 기술 등 새로운 도전이 기다리고 있어. 너희는 앞으로 우리나라를 이끌어 갈 미래 한국 경제의 주인공이야. 너희의 아이디어와 노력으로 우리나라는 더 멋진 나라가 될 거야.

1. 다음 중 1970년대에 집중한 산업은 어떤 것일까?

　① 섬유　　　　　② 철강　　　　　③ 냉장고　　　　　④ 반도체

2. 우리나라 경제가 빠르게 성장한 다섯 가지 비결은 무엇일까?

　　---

3. 경제 성장 과정에서 나타난 문제점과 그 해결 방안에 대한 생각을 적어 보자.

　　---

4. 우리나라의 경제개발 5개년 계획과 빠른 경제 성장 과정을 잘 떠올리면서 재밌고 창의적으로 '경제성장' 사행시의 빈칸을 채워 보자.

　　경 : _____
　　제 : _____
　　성 : _____
　　장 : _____

👍 **더 알고 싶어 119**　　　　　📖 도서　▶ 영상　🔍 사이트

🔍 **후진국에서 경제 규모 12위까지… 땀으로 이룬 경제 성장 (KBS 뉴스, 황현규)**
전쟁의 폐허에서 세계 12위 경제 대국이 어떻게 가능했을까? 산업화와 수출 중심의 성장 전략 뒤에는 수많은 사람들의 노력과 땀이 있었을 거야. 우리 경제가 걸어온 길을 돌아보면 지금의 가치도 새롭게 느껴질 것 같아.

▶ **대한민국 경제성장 발자취 돌아보기 (YTN 사이언스)**
우리나라가 어떤 과정을 거쳐 지금의 경제 규모에 이르렀는지 한눈에 볼 수 있을 거야. 과학 기술, 산업, 무역이 서로 맞물리며 발전한 과정을 보니 마치 커다란 톱니바퀴처럼 정교하게 움직인 것 같아.

시대에 따라 발달한 우리나라 산업

우리나라 산업 진화 대작전: 가발에서 K-pop까지

우리나라가 어떻게 세계 10위권의 경제 대국이 되었는지 궁금하지 않니?
불과 60년 전만 해도 세계에서 가장 가난한 나라 중 하나였던 대한민국이
이제는 첨단 기술과 문화를 수출하는 세계적인 강국이 되었어.

학습 키워드	#경공업 #섬유신발가발 #중화학공업 #철강조선자동차 #전자산업 #반도체산업 #IT산업
교과 연계	중2 > 사회 > 세계 여러 지역의 자원과 산업의 분포를 조사하고 지역 간 상호 의존 관계를 이해한다.

가발에서 K-pop까지

우리나라 산업 발전의 시작은 1960년대로 거슬러 올라가. 당시 한국에서 가장 많이 수출한 품목은 가발이었대. 지금의 BTS처럼 당시 한국의 가발은 세계적인 인기를 끌었다고 해. 하지만 이는 시작에 불과했지.

1970년대에 들어서면서 우리나라는 '중화학공업'에 집중하기 시작했어. 철강, 조선, 자동차 산업이 급속도로 발전하면서 산업 구조를 고도화했지. 1980년대는 전자 산업의 시대였어. TV, 냉장고 같은 가전제품을 만들어서 수출했단다. 이 시기에 삼성, LG 같은 기업들이 세계적으로 이름을 알리기 시작했어. 우리나라 브랜드가 글로벌 시장에서 '레벨 업'을 한 거지.

1990년대에는 반도체 강국으로 도약했어. 지금 너희가 사용하는 스

마트폰이나 컴퓨터에도 한국산 반도체가 들어 있을 거야. 반도체는 현대 기술의 '심장' 같은 역할을 하지. 2000년대 이후에는 IT 산업이 우리나라의 새로운 성장 동력이 되었어. 세계 최고 수준의 인터넷 속도와 스마트폰의 대중화 덕분에 우리나라는 IT 강국으로 자리 잡았어. 너희가 즐겨하는 온라인 게임도 이 시기에 세계로 퍼져 나갔지.

최근에는 문화 산업이 우리나라의 새로운 주력 산업으로 떠오르고 있어. K-pop, K-drama 등 한류 콘텐츠가 전 세계적으로 인기를 끌고 있지. BTS, 블랙핑크 같은 아이돌 그룹의 성공은 이제 단순한 문화 현상을 넘어 우리나라를 대표하는 거대한 산업이 되었어.

우리나라의 미래 산업

우리나라는 미래 산업 분야에서도 선두를 달리고 있어. 인공지능[AI], 5G, 로봇 공학 등 첨단 기술 분야에서 세계적인 경쟁력을 갖추고 있거든. 마치 SF 영화에서나 볼 법한 기술들을 현실로 만들고 있는 거야. 친환경 산업도 우리나라의 새로운 성장 동력이 되고 있어. 전기차, 수소차 등 미래 자동차 산업에서 우리나라 기업들이 선전하고 있지. 지구를 지키는 길에 우리나라가 앞장서고 있는 거야. 이런 산업의 발전은 우리의 일상생활도 크게 변화시켰어. 50년 전만 해도 흑백 TV를 보던 우리나라 사람들이 이제는 언제 어디서나 스마트폰으로 고화질 동영상을 시청할 수 있게 되었지.

산업 발전과 해결해야 할 과제들

하지만 이런 빠른 성장의 이면에는 해결해야 할 과제들도 있어. 환경 문제, 노동 문제, 경제적 불평등 등 우리가 함께 고민하고 해결해 나가야 할 숙제들이 남아 있어.

우리나라 산업의 발전 과정을 보면, 마치 한 편의 드라마 같아. 가난하고 어려웠던 주인공이 온갖 시련을 이겨 내고 마침내 성공을 거두는 스토리. 그리고 이 드라마의 다음 주인공은 바로 너희들이 될 거야.

앞으로 우리나라 산업은 어떻게 발전해 갈까? 어쩌면 너희가 미래에 새로운 산업을 이끌어 갈지도 모르겠어. VR을 이용한 전 세계 실시간 콘서트, 우주 여행 산업, 아니면 지구 환경을 회복시키는 새로운 기술… 너희의 상상력이 곧 대한민국의 미래가 될 수 있어.

1. 다음 중 우리나라의 시대별 주요 산업이 잘못 연결된 것은 무엇일까?

① 1970년대 - 자동차 산업 ② 1980년대 - 전자 산업

③ 1990년대 - 조선 산업 ④ 2000년대 - IT 산업

2. 우리나라 경제 성장의 주요 시기와 사건들을 연대표로 만들어 보자. 각 시기마다 어떤 산업이 중심이 되었을까?

3. 최근 우리나라의 새로운 주력 산업으로 떠오르고 있는 산업은 무엇일까?

4. 미래에는 어떤 산업이 중요해질지 너희의 생각을 적어 보자.

더 알고 싶어 119

📖 도서　▷ 영상　🔍 사이트

🔍 **세계 속의 한국 경제-한강의 기적 (한국문화원)**
'한강의 기적'이라는 말, 어디서 들어 본 적 있지? 전쟁 이후 짧은 시간 안에 이뤄 낸 놀라운 경제 성장은 세계에서도 주목받았어. 우리나라가 어떻게 세계 경제 속에서 자리 잡게 되었는지 다시 한 번 되짚어 보자.

▷ **시대의 격랑을 헤쳐 온 한국 경제의 산 증인들을 만나다! 1부 자본주의, 싹을 틔우다 (KBS 다큐)** 한국 경제의 초창기를 직접 살았던 사람들의 이야기를 들어 보면 어떨까? 자본주의가 뿌리내리던 시절의 도전과 변화가 생생하게 담겨 있어서 그때의 숨결이 느껴질 것 같아.

비단길 무역의 우리나라

비단길 타임머신: 신라 아이돌부터 K-pop까지의 대모험

타임머신을 타고 1300년 전 신라 시대로 가게 됐어.
그런데 거기서 신라 왕자가 페르시아 상인과 이야기를 나누고 있는 장면을 본 거야.
무슨 얘기를 할까? 혹시 BTS의 새 앨범에 대해 얘기하는 건 아닐까?
엥? 말이 안 되는데? 하지만 우리나라는 정말 오래전부터 세계와 교류해 왔어.

학습 키워드 #비단길 #신라의국제무역 #고려청자 #조선의인삼무역 #개항과근대무역

교과 연계 중1 > 사회 > 일상생활에서 접하는 다양한 시장의 사례를 조사하고
이를 토대로 시장의 의미와 필요성을 설명한다.

비단길 무역 이야기

너희들! '비단길'이라는 말 들어 봤니? 비단길은 옛날 중국에서 로마까지 이어져 있던 무역로를 말해. 놀랍게도 우리나라도 이 비단길과 연결되어 있었대.

우리나라가 비단길 무역에 참여한 건 신라 시대부터야. 당시 신라의 수도 경주는 국제도시였대. 요즘의 뉴욕이나 파리처럼 경주 거리에 페르시아 상인과 아라비아 무역상들이 걸어 다니고 있었던 거야.

신라는 비단길을 통해 다양한 물건들을 교역했다고 해. 비단, 도자기, 향료 등을 수출하고, 유리그릇, 보석, 향신료 등을 수입한 거지. 만약 그때 'SNS'가 있었다면 "오늘 비단길에서 GET한 페르시아 향수. 대박

꿀템!" 이런 글이 올라왔을지도 몰라. 특히 신라의 금은 세계적으로 유명했다고 해. 아랍의 한 시인은 "신라의 금으로 만든 그릇에 술을 마신다."라고 시를 썼다지 뭐야. 우와, 1300년 전에는 '신라 금'이 세계적인 명품이었던 거잖아.

신라 시대의 '황룡사 9층 목탑'도 비단길 무역의 증거야. 이 탑을 지을 때 페르시아의 건축 기술을 사용한 걸 보면 알 수 있어. 당시 신라 건축가와 페르시아 건축가가 9층 탑 설계를 놓고 의견을 나누는 모습, 상상이 되니? 고려 시대에도 비단길 무역은 계속됐어. 특히 고려청자가 세계적으로 유명했다고 해. 고려청자의 제조법을 알아내려고 외국 스파이들이 고려에 몰래 들어왔다는 이야기도 있어. 첩보 영화의 한 장면 같지? 조선 시대에는 비단길 무역이 좀 줄어들었어. 하지만 그 대신 일본, 중국과의 교역이 활발해졌지. 당시 조선의 인삼이 일본에서 대박 인기였대. 요즘 일본에서 K-pop이 인기 있는 것처럼 말이야.

그런데 19세기 후반, 조선은 '쇄국 정책'으로 외국과의 교역을 막았어. 당분간 외국 친구는 안 받기로 한 거지. 하지만 1876년, 강화도 조약으로 다시 문을 열었어. 이때부터 우리나라의 근대적 무역이 시작됐지. 20세기 초반 일제강점기 동안에는 우리 스스로 무역을 하기가 어려웠어. 하지만 광복 이후 우리나라는 다시 세계 무역 무대에 나설 수 있었지.

광복 이후의 무역

1960년대부터 우리나라는 수출 주도 성장 전략을 펼쳤어. 처음에는 섬유, 신발, 가발 같은 것들을 수출했지. 한때는 우리나라가 세계 1위 가발 수출국이었대. 전 세계 사람들의 머리 위에 우리나라 제품이 있었던 거야.

1970년대에는 중화학 공업 제품을 수출하기 시작했어. 철강, 선박, 자동차 등이지. 우리나라에서 처음 수출한 자동차 이름이 '포니'였대. 귀여운 이름이지? "포니 타고 세계로 달려가자!"

1980년대에는 전자 제품 수출이 늘어났어. TV, 냉장고 같은 가전제품들이지. 80년대 미국 가정에서 한국산 TV로 미국 드라마를 보고 있는 모습을 상상해 봐. 지금이야 당연하지만, 그때는 정말 대단한 일이었어!

1990년대부터는 반도체가 우리나라 최고의 수출 품목이 됐어. 지금도 1등 수출품이지. 반도체는 전자 제품의 두뇌 같은 거야. 우리나라가 전 세계 전자 제품의 두뇌를 만들고 있는 거지. 멋지지 않니?

2000년대 들어서는 문화 상품 수출이 늘어났어. K-pop, K-drama 등 한류 열풍이 시작된 거지. 〈강남스타일〉이 전 세계를 강타했을 때, 외국 사람들이 "오빠 강남스타일"을 따라 부르는 걸 본 적 있니? 정말 신기한 경험이었지? 최근에는 K-뷰티, K-푸드도 인기야. 머지않아 외국 마트 진열대에 김치, 고추장이 당당히 자리 잡고 있는 날이 올지도 몰라.

이제 우리나라는 세계 7위의 수출 대국이야. 신라 시대부터 이어 온 무역 DNA가 빛을 발하고 있는 거지. 우리나라는 무역의 '프로'가 된 거야. 1300년 동안이나 '무역'을 해 왔으니 이제 완전 고수가 됐지.

앞으로 우리나라 무역은 어떻게 될까? 4차 산업혁명 시대를 맞아 AI, 로봇, 바이오 등 첨단 산업 제품 수출이 늘어날 것 같아. 2050년, 화성에 'Made in Korea' 로봇을 수출하게 될지도 몰라.

1300년 전 신라 왕자부터 지금의 BTS까지 우리는 계속 세계와 소통하고 교류해 왔어. 정말 자랑스럽지 않니? 앞으로 우리나라 무역은 어떻게 변할까? 누가 아니? 너희가 만든 새로운 상품이 전 세계인의 마음을 사로잡을지! "우와, 이거 대박! 어느 나라 제품이지?" "Korea요!"

1. 다음 중 우리나라의 비단길 무역과 관련 없는 것은 무엇일까?

　① 신라 시대부터 참여했다.　　　　② 유리그릇을 주로 수출했다.

　③ 신라의 금이 세계적으로 유명했다.　④ 고려 시대에는 청자가 유명했다.

2. 19세기 후반, 외국과의 교역을 막았던 조선의 정책은 무엇일까?

----

3. 비단길 무역에서 우리나라는 어떤 물건을 수출하고 수입했을까? 비단길 무역이 당시
　우리나라 경제와 문화에 미친 영향에 대한 생각을 적어 보자.

----

4. 왼쪽의 '수출품'과 오른쪽의 '영향'을 알맞게 연결해 보자.

　① 비단　•　　　　　　　• ㄱ. 제조법을 배우려는 외국인 스파이 등장

　② 금　•　　　　　　　　• ㄴ. 외국 시인의 시에 등장

　③ 도자기 •　　　　　　　• ㄷ. 세계적인 명품 이미지 확산

　④ 향료　•　　　　　　　• ㄹ. 국제 무역 네트워크 강화

 더 알고 싶어 119　　　　　　　🔲 도서　▷ 영상　🔍 사이트

▷ 후대 연구로 밝혀진 '확장된 실크로드' (JTBC 차이나는 클라스)
　실크로드가 단순히 중국과 서양만을 잇는 길이라고 생각했다면 오해일지도 몰라.
　최근 연구에 따르면 한반도까지 이어진 '확장된 실크로드'가 있었다고 해.

조선의 장시에서 열린 신나는 장보기

조선 사람들의 와글와글 장보기

"오늘은 장날이야!" 이 한마디에 조선 시대 사람들의 마음은 두근두근 설렜을 거야. 5일에 한 번씩 열리는 장터는 물건을 사고파는 곳이기도 했지만 이웃들과 만나 이야기꽃을 피우고 각종 소식을 나누는 신나는 놀이터이기도 했거든. 지금 마트나 편의점처럼 물건을 쉽게 살 수 있는 게 아니었던 그때, 장날은 어떤 모습이었을까?

학습 키워드 #5일장 #정기시장 #보부상 #금난전권

교과 연계 중1 > 사회 > 수요 법칙과 공급 법칙을 사례를 통해 도출하고 이를 토대로 시장 가격이 결정되는 원리를 설명한다.

조선 시대의 쇼핑몰은 장터였어

조선 시대에는 왜 5일장이 생겨났을까? 처음에는 관청이 세금을 거둬들이고 물자를 조달하기 위해 시장이 열렸어. 하지만 점차 백성들이 자발적으로 물건을 사고파는 공간으로 발전했지. 5일마다 장이 열린 이유는 사람들이 하루나 이틀 만에 다시 장을 보러 오기는 멀고 열흘은 너무 기다리기 힘들었기 때문이야.

장터에 가면 정말 없는 게 없었어. 쌀, 보리 같은 곡식은 기본이고 된장, 간장, 소금 같은 발효식품, 물고기, 채소, 과일까지 먹을거리가 가득했지. 장인들이 만든 그릇, 농기구, 옷감도 있었고 심지어 약재나 가축도 거래됐어. 물건을 사고팔 때 "조금만 깎아주세요~" 하면서 시작되는 흥정은 장터의 큰 묘미였지. 특히 보부상들의 등장은 장터를 더욱 활기

차게 만들었어. 이들은 멀리서 진귀한 물건들을 가져왔거든. 비단, 면직물, 약재 그리고 다른 지역의 특산품을 팔았지. 보부상들은 물건만 판 게 아니야. 이 마을 저 마을을 다니면서 듣고 본 소식들도 전했기 때문에 살아 있는 뉴스 통이기도 했어. 그런데 장시가 번성하자 새로운 갈등이 생겼대. 바로 시전과의 다툼이었지. 시전은 조선 정부가 허가한 관영 상점이었는데, 장시의 상인들이 자기들 장사를 방해한다고 생각했거든. 그래서 시전 상인들은 '금난전권'이라는 특권을 받아서 다른 상인들의 상행위를 막으려고 했어. 하지만 백성들은 장시를 더 선호했고, 결국 정부도 백성들의 편의를 위해 장시를 허용할 수밖에 없었지.

삶의 활력이 넘치는 공간

장날이 되면 장터는 삶의 활력이 넘치는 공간으로 변했어. 물건을 사고파는 것은 물론이고, 각종 공연도 열렸거든. 땅재주를 부리는 광대, 인형극을 하는 사람들, 노래하는 사람들로 넘쳐 장터는 축제 분위기였지. 친구들도 만나고, 소식도 듣고, 맛있는 것도 먹고…. 지금의 쇼핑몰이나 마트보다 더 재미있었을지도 몰라!

이런 장시의 전통은 지금도 이어지고 있어. 시골에 가면 여전히 5일장이 열리는 걸 볼 수 있지. 비록 예전처럼 큰 규모는 아니지만, 정이 넘치고 활기찬 장터의 모습은 그대로야. 할머니들이 직접 기른 채소를 팔고, 할아버지들이 만든 농기구를 파는 모습은 옛 장터의 모습을 떠올리게 해. 오늘날 우리는 스마트폰으로 클릭 몇 번이면 필요한 물건을 살 수 있어. 하지만 조선 시대 사람들에게 장터는 단순한 쇼핑 공간이 아니었어. 이웃과 정을 나누고, 세상 소식을 듣고, 잠시나마 일상의 고단함을 잊을 수 있는 즐거운 놀이터였던 거지. 우리 장보기 문화의 뿌리는 바로 장시야.

1. 다음 중 조선 시대 5일장과 관련 없는 것은 무엇일까?

① 장터에 가면 그릇과 농기구도 살 수 있었다.
② 보부상들이 다른 마을 소식을 전했다.
③ 물건을 깎아서 파는 것이 금지되었다.
④ 다양한 공연이 열렸다.

2. 시전 상인들이 다른 상인들의 상행위를 막기 위해 받았던 특권은 무엇일까?

----

3. 조선 시대 5일장과 오늘날 전통 시장을 비교해 보자. 어떤 점이 비슷하고 어떤 점이 다를까?

----

4. 도시에서 5일장이 사라진 이유에 대한 생각을 적어 보자.

 더 알고 싶어 119 📖도서 ▷영상 🔍사이트

🔍 **조선 시대의 시장** (지역N문화, 소중한 기억 속 푸짐한 정, 시장)
조선 시대 시장은 단순히 물건을 사고파는 공간이 아니었다. 이웃과 만나고, 소식을 나누고, 흥정을 통해 정을 쌓던 곳이었지. 사람 냄새 나는 그 시절 시장의 풍경이 떠오르지 않아?

▷ **200년 전통 북평 민속 5일장 북적** (MBC 강원영동 뉴스)
200년 넘게 이어져 온 북평 5일장은 여전히 활기차다고 해. 장터마다 지역 특산품이 가득하고, 사람들의 웃음소리가 끊이지 않지. 옛날 장터의 정겨운 모습이 아직 남아 있는 것 같아.

조선의 불공평한
세금 제도

조선의 불공평한 세금 제도: 신분에 따라 다른 세금 부담의 비밀

타임머신을 타고 조선 시대로 가게 됐어. 그런데 거리에서 이상한 걸 보게 됐지.
어떤 사람들은 배불리 먹고 놀고 있는데, 다른 사람들은 엄청난 짐을 지고 힘들어하고 있어.
이게 무슨 일일까? 바로 조선 시대의 불공평한 세금 제도 때문이야!
누구는 세금을 내고, 누구는 안 내고… 마치 제비뽑기 같은 세금 제도에 대해 들어 볼까?

학습 키워드 #신분에따른세금차이 #양반의세금면제 #전세(토지세) #공납 #군역, #대동법
교과 연계 중1 > 사회 > 세금이 왜 필요한지 사례를 조사하고 세금과 정부의 재정 활동이
우리의 생활에 미치는 영향을 설명한다.

신분에 따른 세금의 차이

조선 시대의 세금 제도는 신분제를 기반으로 했어. 가장 큰 특징은
양반들이 대부분의 세금을 면제받았다는 점이지. 반면에 농민을 비롯한
일반 백성들은 무거운 세금 부담을 져야 했어.

세금의 종류에는 '전세, 공납, 군역' 등이 있었어. '전세'는 토지에 내
는 세금으로 주로 쌀이나 곡물로 냈어. '공납'은 지역의 특산물을 바치
는 세금이고, '군역'은 군대에 필요한 물자나 인력을 제공하는 것이었지.

이런 세금은 신분에 따라 차이가 심해서 여러 가지 문제를 낳았어.
농민들의 생활은 갈수록 어려워졌고, 어떤 사람들은 세금을 피해서 도
망가기도 했대. 반면에 양반들은 세금도 내지 않고 풍요로운 생활을 누
렸다고 해.

세금을 내지 않기 위해 양반 행세를 하는 사람들도 늘어났어. 이는 신분 제도가 혼란해지는 결과를 낳았고, 결과적으로 조선 사회를 뒤흔드는 원인이 되었어.

조선 후기에는 이러한 문제를 해결하기 위해 '대동법'이라는 새로운 세금 제도가 시작되었대. 대동법은 여러 종류의 세금을 쌀로 통일해서 내도록 한 제도야. 세금 제도를 좀 더 단순화해서 공평하게 만들려는 거였지. 그러나 대동법에도 한계가 있었어. 여전히 양반들의 세금 부담은 적었고, 일반 백성들의 부담은 크게 줄지 않았거든. 또 세금을 거두는 관리들의 부정부패도 여전히 문제였지. 이러한 불공평한 세금 제도는 결국 조선의 멸망에도 영향을 미쳤어. 백성들의 불만이 쌓이면서 사회 분위기가 좋지 않았고, 국가 재정도 약해졌기 때문이야.

공평한 세금 제도가 중요해

조선 시대의 불공평한 세금 제도를 통해 우리는 공평한 세금 제도가 중요하다는 걸 배울 수 있어. 오늘날 우리나라의 세금은 일해서 버는 소득에 맞춰서 내고 있지. 모든 국민이 세금 납부의 의무를 지고 있는데 이는 조선 시대와 비교하면 훨씬 더 공평한 제도라고 할 수 있어.

하지만 여전히 세금과 관련된 논란은 계속되고 있어. 어떤 분야에 더 많은 세금을 사용해야 하는지, 어떻게 하면 더 공평한 세금 제도를 만들 수 있을지 의견을 주고받으며 더 낫게 만들려고 노력하는 중이야.

앞으로 우리 사회가 더욱 발전하기 위해서는 과거의 잘못된 것들을 고치면서 더 나은 세금 제도를 만들어 가는 것이 중요해. 너희도 미래에 경제학자나 정치인이 된다면 이런 중요한 결정을 내리게 될지도 몰라. 그때 여기서 배운 역사적 교훈을 떠올리게 되길 바랄게.

1. 다음 중 조선 시대 세금의 종류가 아닌 것은 무엇일까?

① 월세   ② 전세   ③ 공납   ④ 군역

2. 조선 후기, 쌀로 통일해서 세금을 내도록 한 제도는 무엇일까?

------

3. 조선 시대의 주요 세금 제도와 현대의 세금 제도와 비교하고 공평한 세금 제도의 조건에 대한 생각을 적어 보자.

------

4. 다음 보기에서 대동법의 특징으로 알맞은 것을 모두 골라 보자.

① 쌀로 세금을 통일했다.   ② 양반의 세금 부담이 크게 늘었다.
③ 세금 제도를 단순화하려 했다.   ④ 모든 백성의 세금이 사라졌다.

더 알고 싶어 119

📖 도서   ▶ 영상   🔍 사이트

🔍 **팔자 좋은 양반? 먹고사는 데 진심이었다 (경향신문, 2024)**
양반은 늘 풍족하고 여유로웠을 거라 생각하기 쉽지? 하지만 실제로는 생계를 유지하기 위해 고군분투한 사람들도 많았대. 조선 사회의 이면을 보면, '양반=부자'라는 공식이 꼭 맞진 않은 것 같아.

▶ **백성들의 외침, 홍경래 (EBS 역사가 술술)**
홍경래의 난은 단순한 반란이 아니었어. 불평등한 세상에서 백성들이 자신들의 삶을 바꾸고자 일어선 외침이었지. 홍경래의 난을 통해 삼정의 문란으로 쇠락해 가는 조선말기의 상황을 공부해 보자.

백성을 위한 조선 시대 세금 제도 개혁

조선 시대 세금 개혁: 백성들의 '좋아요' 폭발!

조선 시대 왕이 됐다고 생각해 봐. 그런데 'SNS'에 백성들의 불만 글이 엄청 많이 올라오고 있어! "세금이 너무 많아요ㅠㅠ", "양반들은 세금도 안 내고 좋겠다…",
이 불만 폭탄을 해결하지 않으면 '조선 왕조' 채널 구독자가 구독을 취소할지도 몰라.
그럼 조선 시대 왕들은 어떻게 백성들의 '좋아요'를 받으려고 노력했는지 함께 살펴볼까?

학습 키워드　#세종의공법 #성종의손실답험법 #광해군의대동법 #영조의균역법
교과 연계　초6> 사회> 사람들이 생활에 필요한 물건을 만들고 사고파는 과정을 통해 생산자와 소비자의 역할을 이해하고, 나라에서 하는 일과 시장에서 하는 일을 구분해 본다.

조선 왕들의 세금 제도 개혁

　조선 초기의 세금 제도는 정말 불공평했어. 양반들은 거의 세금을 내지 않았고, 대부분의 세금은 농민들이 냈지. 전세, 공납, 군역 등 세금의 종류도 다양했어. 이런 세금들을 내느라 백성들은 정말 힘들게 살아야 했지.

　그래서 조선의 여러 왕들은 이 문제를 해결하려고 노력했어. 첫 번째로 세종대왕이 나섰어. 세종대왕은 '공법'이란 새로운 제도를 만들었어. 풍년에는 세금을 많이 걷고, 흉년에는 세금을 적게 걷는 거야. 다음으로 성종은 '손실답험법'을 실시했어. 이건 농사의 실제 수확량을 조사해서 그에 맞게 세금을 매기는 거야.

　이런 노력에도 불구하고 세금 제도는 여전히 불공평했어. 그래서 광

해군 때 '대동법'이 나왔지. 대동법은 여러 가지 세금을 쌀로 통일해서 내게 한 거야. 대동법은 획기적인 제도였어. 백성들은 이제 여러 가지 세금을 내느라 고생하지 않아도 됐지. 또 관리들이 세금을 거둘 때 부정부패를 저지르기도 어려워졌다고 해. 하지만 대동법에도 문제가 있었어. 여전히 양반들은 세금을 적게 냈거든. 그래서 영조는 '균역법'을 만들었어. 이건 군역의 부담을 줄여 주는 정책이었지. 군대에 가거나 군대에 필요한 물건을 내는 세금을 절반으로 줄여 줬어.

정조도 세금 개혁에 나섰대. 정조는 '시장세'를 크게 줄였어. 덕분에 상인들의 부담이 줄어들었지.

공평과 정의를 위한 세금 제도 개혁

이런 세금 개혁들이 모두 완벽했을까? 그건 아니야. 여전히 문제가 있었지. 그렇더라도 이런 노력들 덕분에 백성들의 삶은 조금씩 나아졌대. 세금 개혁은 왕들에게도 쉬운 일이 아니었어. 양반들의 반대도 심했고, 나라 살림도 생각해야 했거든. 그래도 백성들을 위해 계속 노력했다는 게 중요해. 오늘날 우리나라의 세금 제도는 이런 노력들이 쌓여서 만들어진 거야. 지금은 모든 사람이 공평하게 세금을 내고 있지.

요즘은 카드나 계좌 이체로 간단히 세금을 내지만, 옛날에는 직접 관청에 가서 내야 했대. 쌀 한 가마니를 지고 관청에 가는 모습을 상상해 봐. 엄청 힘들었겠지?

세금이 개혁된 역사를 살펴보면, 마치 한 편의 드라마 같아. 불공평한 세금 때문에 고통받는 백성들(주인공)과 이를 해결하려는 왕들(조력자), 그리고 개혁을 반대하는 양반들(악당)까지…. 이 드라마의 결말은 어땠을까? 다행히 해피엔딩이었어. 물론 완벽하진 않았지만, 조선 후기로 갈수록 세금 제도는 점점 더 공평해졌어. 이는 오늘날 우리나라의 세금 제도에도 영향을 미쳤지.

세금의 역사를 공부하면서 우리는 중요한 걸 배울 수 있었어. 바로 '공평'과 '정의'의 가치야. 우리 사회가 더 좋은 곳이 되기 위해서는 모두가 공평하게 책임을 나눠서 져야 한다는 거지. 앞으로 너희가 세금을 내게 될 때, 이런 역사를 꼭 기억해 주길 바랄게. 세금을 내는 것이 귀찮고 아깝게 느껴질 수 있지만, 그 세금으로 우리 사회가 더 좋아진다는 걸 알면, 조금은 달리 보이지 않을까?

1. 다음 중 조선 왕들의 세금 제도 개혁이 잘못 연결된 것은 무엇일까?

① 세종대왕 - 공법　　　　② 광해군 - 대동법
③ 영조 - 균역법　　　　　④ 정조 - 손실답험법

2. 조선 시대 세금 제도 개혁의 주요 내용을 조사해 보자. 왜 이런 개혁이 필요했을까?

3. 세금 제도 개혁이 조선 사회에 미친 영향에 대한 생각을 적어 보자.

4. 우리 사회가 더 좋은 곳이 되기 위해서는 어떤 가치가 지켜져야 할까?

👍 **더 알고 싶어 119**　　　　　　　　　　📖 도서　▶ 영상　🔍 사이트

🔍 **격동의 조선후기를 지켜 낸 힘 '대동법'** (한겨레, 최원형)
대동법은 세금을 곡식 대신 쌀로 내게 한 제도였대. 단순한 세금 개혁이 아니라, 백성의 부담을 줄이고 나라의 재정을 안정시킨 커다란 전환점이었지. 조선이 오랜 혼란 속에서도 버틸 수 있었던 이유 중 하나였을 거야.

▶ **백성의 삶을 헤아린 조선 최고의 세제 개혁, 대동법** (국세청)
대동법은 조선 후기 사회를 바꿔 놓은 혁신적인 제도였어. 지역마다 다르게 걷던 세금을 하나로 통일하면서 백성들의 불만이 줄어들었지. '백성을 먼저 생각한 세금 제도'라는 말이 괜히 붙은 게 아닌 것 같아.

우리나라의 IMF는
왜 일어났을까?

IMF 게임 오버: 대한민국 경제의 충격적인 리셋!

어느 날 갑자기 게임 계정이 해킹당해서 모든 아이템과 레벨이 사라졌다고 상상해 봐!
충격이겠지? 1997년 우리나라에 일어난 IMF 외환 위기가 바로 이런 거였어.
국가 경제가 '게임 오버' 직전까지 갔던 거지. 근데 왜 이런 일이 일어났을까?
IMF의 비밀을 파헤쳐 보자.

학습 키워드 #IMF(국제통화기금) #외환위기 #외화부족 #부실기업 #재벌문제
교과 연계 중1 > 사회 > 시장에서 수요와 공급이 변하는 이유를 조사하고 가격이 달라질 때 생산자와
소비자가 어떻게 대응하는지 탐구한다.

우리나라가 IMF로부터 도움을 받은 이유

IMF는 '국제통화기금International Monetary Fund'의 약자야. 세계의 여러
나라들이 모여 만든 국제기구로, 경제적 어려움에 처한 나라들을 돕는
일을 하는 곳이지. 우리가 친구에게 돈을 빌리는 것처럼 우리나라도 IMF
에서 돈을 빌렸던 거야. 그런데 왜 우리나라가 갑자기 IMF의 도움이 필
요해진 걸까? 이 이야기를 듣다 보면, 너희도 경제가 얼마나 중요한지
알게 될 거야!

1990년대 초반, 우리나라는 경제 대국의 꿈을 키우고 있었어. 삼성,
현대, LG 같은 큰 기업들은 더 크게 성장하기 위해 은행에서 엄청나게
많은 돈을 빌려서 사업에 투자했대. 은행들도 신났지. 외국에서 싼 이자
로 돈을 빌려 와서 국내 기업들에게 비싼 이자로 빌려주면서 돈을 벌었

거든. 이런 걸 경제학자들은 '단기외채'라고 불러. 잠깐 빌린 돈으로 장기 계획을 세우는 거였지. 위험하다고? 맞아, 정말 위험한 일이었어. 생각해 봐. 너희가 친구에게 100원을 빌려서 과자를 사 먹었는데, 갑자기 그 친구가 "지금 당장 100원 돌려줘!"라고 한다면 어떨까? 당황스럽겠지? 우리나라가 겪은 일도 이와 비슷해.

1997년 7월, 태국에서 시작된 금융 위기는 마치 태풍처럼 동남아시아를 휩쓸고 지나갔어. 불안해진 외국 투자자들은 아시아 국가들에게 빌려준 돈을 급하게 돌려받기 시작했지. 이 태풍은 곧 우리나라에도 도착했어. 외국 투자자들이 한국에 빌려준 돈을 갑자기 돌려 달라고 한 거야. 하지만 우리나라는 그 돈을 당장 갚을 수 없었어. 왜냐고? 그 빌린 돈으로 기업들이 공장도 짓고, 연구도 하고 있었거든. 게다가 우리나라 돈의 가치도 급격히 떨어졌어. 1달러가 800원쯤 하던 것이 순식간에 2,000원까지 올랐지. 마치 하룻밤 사이에 우리 돈의 가치가 반 토막 난 것 같았어.

정부는 큰 고민에 빠졌어. 이대로 가다간 나라 경제가 파산할 것 같았거든. 결국 정부는 IMF에 도움을 요청했고, IMF는 우리나라에 총 210억 달러를 빌려주기로 했어. 하지만 IMF의 도움을 받는 것은 공짜가 아니었어. IMF는 돈을 빌려주는 대신 이것저것을 해야 한다고 요구하기 시작했거든. "너무 많은 빚을 진 기업들은 정리해야 해요", "은행들도 건강하게 만들어야 해요", "정부는 돈을 아껴 써야 해요" 등등. 이런 요구 사항들을 지키려다 보니, 많은 사람들이 일자리를 잃었고 삶이 힘들어졌어. 온 나라가 허리띠를 바짝 졸라매야 했지.

IMF 위기를 극복하기 위한 노력

하지만 우리 국민들은 포기하지 않았어. 오히려 이 위기를 함께 극복하려고 노력했지. 많은 사람들이 자발적으로 금붙이를 모아 나라에 기부했어. 이를 '금 모으기 운동'이라고 한단다. 할머니들은 결혼반지를, 어린이들은 돌 반지를 내놓았지. 그렇게 모인 금은 우리나라가 빚을 갚는 데 큰 도움이 되었어.

기업들도 불필요한 사업은 과감히 정리하고, 꼭 필요한 일에만 집중했지. 정부도 경제구조를 개혁하고 투명성을 높이기 위한 다양한 정책을 펼쳤어. 이런 노력 덕분에 우리나라는 2001년 8월 IMF 위기를 예상보다 빨리 극복할 수 있었다고 해. IMF 위기는 우리에게 큰 시련이었지만 동시에 우리 경제의 체질을 강하게 만드는 계기가 되었어.

우리는 이 경험을 통해 몇 가지 중요한 교훈을 얻었단다. 당장 필요하다고 해서 무작정 빚을 지면 안 된다는 걸 알게 됐지. 돈을 빌리기 전에 갚을 능력이 있는지 꼭 확인해야 한다는 것도 말이야. 위기가 왔을 때 버틸 수 있는 힘은 바로 저축에서 나와. 그래서 여러 가지 능력을 키우는 게 중요하지. 경제도 마찬가지야. 숨기고 속이는 것보다는 정직하게 문제를 해결하는 것이 더 좋은 결과를 가져올 수 있어. 국민들이 힘을 모아 준 덕분에 우리는 IMF 위기를 이겨 낼 수 있었어.

IMF 위기가 어떤 사건이었는지 조금은 알게 됐니? 큰 나라의 경제도 결국 우리 개개인의 경제활동이 모여서 만들어지는 거니까 너희도 지금부터 경제에 관심을 가져 보는 건 어떨까? 용돈을 계획적으로 쓰고, 저축하는 습관을 들여 봐. 뉴스에서 경제 이야기가 나오면 귀 기울여 들어 보고 말이야. 가끔은 "우리 집에서 이렇게 하면 돈을 더 아낄 수 있지 않을까?" 하고 생각도 해 보렴.

1. 다음 중 우리나라의 IMF 외환 위기와 관련 없는 내용은 무엇일까?

　① IMF는 국제통화기금의 약자다.

　② IMF에서 210억 달러를 빌렸다.

　③ 1997년 7월 일본에서 시작되었다.

　④ 1달러가 800원에서 순식간에 2,000원까지 올랐다.

2. IMF 위기를 극복하기 위해 많은 사람들이 자발적으로 참여했던 운동은 무엇일까?

　--

3. IMF 외환 위기가 우리나라 경제와 사회에 미친 영향과 IMF 외환 위기 같은 경제 위기를 예방하기 위한 방법이 무엇일지 생각을 적어 보자.

　--

　--

　--

　--

　--

4. 아래 IMF 외환 위기와 관련된 내용(왼쪽)과 설명(오른쪽)을 알맞게 연결해 보자.

　① 금 모으기 운동　·　　　· ㄱ. 외국에서 단기간 빌린 돈

　② 단기외채　·　　　· ㄴ. 1달러가 800원에서 2,000원까지 오름

　③ 환율 급등　·　　　· ㄷ. 국민들이 금을 모아 나라에 기부한 운동

더 알고 싶어 119　　　📖도서　▷영상　🔍사이트

▷ **IMF 경제 위기로 추웠던 그 겨울의 이야기 (KBS 다큐)**

그때의 겨울은 단순히 날씨만 추운 게 아니었대. 수많은 사람들이 일자리를 잃고, 거리의 간판 불이 꺼졌던 시절이었어. 그 위기 속에서도 서로를 돕고 다시 일어선 사람들의 이야기를 듣다 보면 결국 사람의 힘으로 버텼었다는 걸 알 수 있어.

IMF를 극복한 금 모으기 운동

금 모으기 대작전: 대한민국 국민들의 슈퍼 콜라보

최애 아이돌 그룹이 해체 위기에 처했어. 그런데 팬들이 힘을 모아 기적적으로 그룹을 살렸다면? 1997년 IMF 외환 위기 때 우리나라에서 일어난 '금 모으기 운동'이 바로 이런 거였어. 나라가 위기에 처하자 국민들이 똘똘 뭉쳐 나라를 구한 대작전. 이 놀라운 이야기를 살펴볼까?

학습 키워드 #IMF외환위기 #금모으기운동 #국민참여 #외환보유액증가 #경제위기극복

교과 연계 중1 > 사회 > 합리적인 선택의 의미를 이해하고 노동자·기업가·정부·소비자가 사회에서 맡은 역할과 책임을 탐구한다.

우리나라의 금 모으기 운동

1997년 말, 우리나라 경제에 큰 문제가 생겼어. 외국에서 빌린 돈을 갚지 못할 위기에 처한 거지. 이것을 'IMF 외환 위기'라고 불러. IMF는 국제통화기금이라는 뜻인데, 우리나라가 이곳에서 돈을 빌려야 했기 때문에 이런 이름이 붙었어. 당시 상황이 얼마나 심각했는지 상상할 수 있어? 많은 회사들이 문을 닫았고, 수많은 사람들이 일자리를 잃었다고 해. 물가는 크게 올랐고, 우리나라 돈의 가치는 반 토막이 났지. 정말 나라가 곧 망할지도 모르는 큰 위기였어.

이런 상황에서 우리 국민들은 뭔가 해야겠다고 생각했어. 그래서 시작된 것이 바로 '금 모으기 운동'이야. 이 운동은 어떻게 시작되었을까?

1998년 1월, 한 시민단체에서 "우리가 가진 금을 모아서 나라 빚을

갚자."라고 제안했어. 이 말에 전국의 시민들이 화답했지. 어른들은 결혼반지를, 아이들은 돌 반지를 기꺼이 내놓았어. 심지어 금니(금으로 만든 이빨)를 빼서 기부한 할머니도 계셨대! 전국 곳곳에는 금을 모으는 장소가

생겼어. 사람들은 줄을 서서 자신의 금을 기부했지. TV에서는 연예인들이 나와 금 모으기 운동에 함께하자고 호소했어. 우리나라 국민 모두 하나가 되어 이 운동에 참여한 거야.

그 결과가 어땠을지 궁금하지? 놀랍게도 두 달 만에 227톤의 금이 모였어! 이게 얼마나 많은 양인지 아니? 성인 227명의 몸무게와 같아. 이렇게 모인 금의 가치는 22억 달러, 우리 돈으로 약 2조 6천억 원이었대.

이렇게 모은 금은 어떻게 됐을까? 정부는 이 금을 외국에 팔아 빚을 갚는 데 썼어. 덕분에 우리나라는 IMF에서 빌린 돈을 3년 만에 모두 갚을 수 있었지. 보통 10년 이상 걸리는 일을 3년 만에 해낸 거야. 정말 대단하지 않니?

금 모으기 운동의 의미는 단순히 사람들이 돈을 모았다는 것 이상이었어. 이 운동을 통해 우리 국민들은 하나가 되었거든. 모두가 힘을 합치면 어떤 어려움도 이겨 낼 수 있다는 걸 보여 준 거지. 이런 국민들의 노력 덕분에 우리나라는 빠르게 경제 위기를 극복할 수 있었어.

금 모으기 운동은 세계적으로도 유례가 없는 일이야. 다른 나라 사람들은 우리나라 국민들의 애국심과 단결력에 깊은 감동을 받았대. 심지

어 일부 나라에서는 우리나라를 본받아서 비슷한 운동을 하기도 했지.

이 운동이 있은 지 벌써 25년이 넘었어. 지금 너희 부모님은 그때 여러분 나이쯤 됐을 거야. 부모님께 그때 이야기를 들어 보는 것은 어떨까? 어떤 기분으로 금 모으기 운동에 참여했는지, 그때 상황이 어땠는지 생생한 이야기를 들을 수 있을 거야.

금 모으기 운동의 교훈

금 모으기 운동은 우리에게 많은 교훈을 줬어. 첫째, 작은 힘이라도 모이면 큰 힘이 된다는 것. 둘째, 위기 속에서도 희망을 잃지 않는 것이 중요하다는 것. 셋째, 나라 경제와 우리의 일상생활이 밀접하게 연결되어 있다는 것도 알 수 있었어.

지금 우리나라는 세계 10위권의 경제 대국이 되었어. IMF 외환 위기 때처럼 심각한 어려움은 없지만, 여전히 크고 작은 경제 문제들이 생기고 있지. 이럴 때마다 우리는 금 모으기 운동을 떠올리면서 모두가 힘을 합치면 어떤 어려움도 이겨 낼 수 있다는 걸 기억해야 해. 앞으로 너희가 자라서 우리나라의 경제를 이끌어 갈 때, 이런 정신을 잊지 않았으면 좋겠어. 개인의 이익만 생각하지 않고, 모두가 함께 잘살 수 있는 방법을 찾는 거야. 그게 바로 금 모으기 운동이 우리에게 가르쳐 준 가장 큰 교훈이 아닐까?

1. 다음 중 금 모으기 운동과 관련 없는 것은 무엇일까?

　① IMF 외환 위기를 극복하려는 국민 운동이었다.

　② 두 달 만에 127톤의 금을 모았다.

　③ IMF에서 빌린 돈을 3년 만에 모두 갚았다.

　④ 세계적으로도 유례가 없는 운동이었다.

2. 금 모으기 운동이 우리에게 준 교훈은 무엇일까?

　---

3. 국가 경제 위기 극복을 위한 시민들의 역할에 대해 적어 보자.

　---

4. 다음 문장이 맞으면 O, 틀리면 X를 괄호 안에 써 보자.

　금 모으기 운동은 1997년 1월에 시작되었다. (　　　)

　금 모으기 운동을 통해 약 227톤의 금이 모였다. (　　　)

　금 모으기 운동은 IMF 외환 위기 극복에 도움을 주었다. (　　　)

더 알고 싶어 119

📖 도서　▷ 영상　🔍 사이트

🔍 **금 모으기 운동 (어린이조선일보, 현기성)**
IMF 위기 때, 많은 사람들이 집에 있던 금반지나 목걸이를 내놓았다는 사실 알고 있니? 나라의 빚을 갚기 위해 국민이 한마음으로 나섰던 '금 모으기 운동'은 지금까지도 한국인의 단결심을 상징하는 이야기로 남아 있어.

▷ **1997년 1년 확정금리가 무려 20%! 한국이 IMF 구제금융 '조기 졸업'할 수 있었던 이유는? (KBS 다큐)**
그 힘든 시절을 어떻게 그렇게 빨리 극복할 수 있었을까? 국민의 협력, 정부의 긴축 정책, 기업들의 구조조정이 함께 맞물리며 회복 속도를 높였대. 결국 위기를 기회로 바꾼 건 사람들의 의지였던 것 같아.

세계경제 강대국이 된 우리나라

작은 나라의 큰 도약: 세계를 놀라게 한 대한민국의 경제 성장 이야기

우리나라가 얼마나 대단한 나라인지 알고 있니? 불과 60년 전만 해도 세계에서 가장 가난한 나라 중 하나였던 우리나라는 이제 세계 10위권의 경제 강국이 되었어. 전쟁의 폐허를 딛고 일어나 첨단 기술 강국으로 성장한 놀라운 우리나라 이야기, 함께 들어 볼까?

학습 키워드	#경제성장 #교육열 #근면성실 #수출주도성장 #정부지원 #IT강국
교과 연계	초6 > 사회 > 나라와 나라가 서로 필요한 물건을 사고팔며 도움을 주고받는 무역의 모습을 살펴보고 무역이 우리 생활에 어떤 영향을 주는지 알아본다.

기적 같은 성장을 이룬 우리나라

2023년 기준으로 우리나라의 '국내총생산'은 세계 10위권이야. GDP는 한 나라의 경제 규모를 나타내는 지표인데, 쉽게 말해 우리나라가 1년 동안 벌어들인 돈을 모두 합한 거라고 생각하면 돼. 우리나라보다 GDP가 높은 나라는 미국, 중국, 일본, 독일 같은 큰 나라들뿐이야. 인구가 우리의 몇 배나 되는 나라들 사이에서 당당히 10위권을 지키고 있다는 건 정말 대단한 일이지!

그런데 60년 전만 해도 우리나라는 세계에서 가장 가난한 나라 중 하나였어. 1인당 국민소득이 100달러도 안 됐는데, 지금은 3만 달러가 넘으니까 60년 동안 300배 이상 늘어난 셈이지. 이렇게 빠르게 성장한 나라는 세계 역사상 거의 없었대. 그래서 세계의 많은 사람들이 우리나라의 성장을 '한강의 기적'이라고 부르고 있어. 그렇다면 어떻게 이런 놀라운 성장을 이룰 수 있었을까?

놀라운 성장을 이룬 비결

첫째, 우리 국민들의 교육열과 근면 성실함 덕분이야. 전쟁 후 가난한 나라였지만 우리 부모님들은 자녀 교육에 모든 것을 걸었어. 열심히 공부한 인재들이 나라 발전의 원동력이 된 거지. 또 우리 국민들은 정말 열심히 일했어. '새마을 운동'을 실천하며 온 국민이 힘을 모아 나라를 발전시키려 노력했거든.

둘째, 정부의 경제 개발 정책 덕분이야. 1960년대부터 정부는 경제 개발 5개년 계획을 세워서 산업을 체계적으로 발전시켰어. 처음에는 섬유, 신발 같은 노동을 많이 투입한 산업으로 시작해서 점차 철강, 조선, 자동차 같은 중공업으로 발전했지. 지금은 반도체, IT 같은 첨단 산업이 우리 경제를 이끌고 있어.

셋째, 수출 중심 전략 덕분이야. 우리나라는 천연자원이 부족한 나라야. 그래서 물건을 만들어서 다른 나라에 파는 전략을 택했지. 지금 우리나라는 세계 5위의 수출 대국이야. 삼성전자, 현대자동차 같은 세계적인 기업들이 우리나라의 수출을 이끌고 있지.

넷째, 기술 혁신 덕분이야. 우리나라는 새로운 기술을 빠르게 받아들이고 발전시켰어. 특히 IT 분야의 기술은 세계 최고 수준이지. 너희가 사용하는 스마트폰이나 컴퓨터에 들어가는 반도체는 우리나라가 세계 시장에서 큰 부분을 차지하며 주도하고 있어.

이렇게 성장한 우리나라는 이제 세계경제에서 중요한 위치를 차지하게 되었어. G20(주요 20개국)의 일원이 되었고, OECD(경제협력개발기구)

에도 가입했지. 개발도상국에서 선진국으로 발전한 몇 안 되는 나라 중 하나가 되었어.

우리나라의 경제 성장은 세계적으로도 주목받고 있어. 많은 개발도상국들이 '한국형 경제 발전 모델'을 이룩한 우리나라를 본받으려고 하면서, 우리의 경험을 배우러 오는 나라들도 많대.

지속 가능한 성장을 위한 우리의 과제

하지만 우리나라 경제가 앞으로도 계속 성장하려면 해결해야 할 과제들도 많다고 해. 저출산·고령화 문제, 청년 실업, 대기업과 중소기업의 격차 등이 그런 문제들이지. 이런 문제들을 해결하면서 지속 가능한 성장을 이루어 내는 것이 우리에게 주어진 과제야. 최근에는 환경 문제도 중요해지고 있어. 경제 성장만 추구하는 것이 아니라, 환경을 보호하면서 성장하는 '지속 가능한 발전'이 새로운 목표가 되었지. 우리나라도 '그린 뉴딜' 정책을 통해 환경친화적인 경제 성장을 추구하고 있어.

이제 우리나라가 얼마나 대단한 경제 강국인지 알겠지? 이 모든 건 우리 부모님, 할머니 할아버지 세대가 이루어 낸 놀라운 성과야. 이제는 너희 차례야. 앞으로 우리나라를 더 발전시키고 세계 속에서 빛나는 나라로 만들어 갈 주인공은 바로 너희야. 너희가 꿈꾸는 미래의 대한민국은 어떤 모습일까? 더 공정하고, 더 혁신적이고, 더 행복한 나라를 만들어 가는 것, 그게 바로 너희의 새로운 임무가 될 거야. 우리 함께 더 멋진 대한민국을 만들어 보자.

1. 다음 중 우리나라가 놀라운 성장을 이룰 수 있었던 이유가 아닌 것은 무엇일까?

① 국민들의 교육열과 근면 성실함　　　② 정부의 경제 개발 정책

③ 수출 중심 전략　　　　　　　　　　④ IMF 외환 위기

2. 우리나라의 놀라운 경제 성장을 세계 사람들은 뭐라고 부를까?

_____

3. 우리나라가 세계경제 강대국으로 성장한 과정을 연대표로 만들어 보자.

4. 스마트폰과 컴퓨터에 꼭 필요한 전자 부품을 뭐라고 할까?

_____

 더 알고 싶어 119　　　　　　　　　📰 도서　▷ 영상　🔍 사이트

▷ **대한민국 경제성장 발자취 돌아보기 (YTN 사이언스)**
우리나라가 세계 최빈국에서 경제 선진국으로 올라선 과정을 영상으로 따라가 보는 건 어때? 수출 주도형 산업화, 기술 혁신, 인력이 모여서 어떻게 '기적'을 만들어 냈는지 생생히 볼 수 있어.

착한 소비가 만드는 새로운 경제 일자리

카페에서 음료를 주문할 때 일회용 컵 대신 텀블러를 사용해 본 적이 있니? 중고 거래 앱에서 물건을 사고판 경험은? 이런 작은 선택들이 모여서 새로운 직업들을 만들어 내고 있대. 착한 소비가 어떻게 새로운 일자리를 만들어 내는지 함께 알아볼까?

우리의 똑똑한 소비가 만드는 따뜻한 미래

'제로 웨이스트', '친환경 제품', '착한 소비' 같은 말 들어 봤지? 이런 말들은 단순한 유행어가 아니라 우리의 미래와 아주 밀접하게 연결되어 있어. 우리가 무심코 하는 선택적 소비가 얼마나 멋진 변화를 만들어 내는지 함께 알아보자.

착한 소비는 우리와 지구를 생각하면서 물건을 사는 걸 말해. 페트병을 재료로 만든 옷을 사거나, 플라스틱 대신 텀블러를 쓰거나, 중고 거래로 물건을 사고파는 것처럼 말이야. 요즘은 BTS나 블랙핑크 같은 아이돌도 환경을 생각하는 착한 소비를 실천하고 있어서 더 많은 관심을 받고 있단다.

이런 착한 소비는 정말 다양한 새로운 직업들을 만들어 내고 있어. '환경 크리에이터'는 유튜브나 틱톡에서 친환경 생활을 소개하는 사람들이야. 재활용하는 방법이나 친환경 제품 사용법을 재미있게 알려 주는데 구독자가 100만 명이 넘는 유명한 환경 크리에이터도 있다고 해.

패션에 관심 있는 친구들을 위한 직업도 있어. '지속 가능 패션 전문가'는 환경을 생각하는 옷을 디자인하고 만드는 사람들이야. 헌 옷을 새롭게 디자인하거나 친환경 소재로 옷을 만들고 있지. 우리가 좋아하는 아이돌의 무대 의상도 이런 친환경 소재로 만들 수 있다고 해.

'제로 웨이스트 숍'도 점점 늘어나고 있어. 이런 가게는 포장을 최소화하고 필요한 만큼만 살 수 있게 도와줘. 샴푸 바나 고체 치약 같은 친환경 제품을 판매하면서 손님들에게 환경을 보호하는 방법도 알려 주는 특별한 공간이지. 이런 가게를 운영하는 사람들은 단순한 가게 주인이 아니라 환경 교육자의 역할도 하고 있는 거야.

공유 경제라는 분야도 생겼어. '공유 경제 전문가'들은 물건을 여러 사람이 함께 쓸 수 있게 도와주는 일을 해. 중고 거래 앱을 만들거나 운영하고, 자전거나 킥보드 같은 이동 수단을 여러 사람이 나눠 쓸 수 있게 관리하지. 우리가 자주 쓰는 중고 거래 앱이나 공유 자전거도 이런 분들이 만든 거야.

환경 관련 직업을 준비하려면

이런 새로운 직업을 준비하려면 어떻게 해야 할까? 가장 먼저 환경에 관심을 가지는 게 중요해. 환경 관련 뉴스나 다큐멘터리를 보고 환경 동아리 활동도 해 보면 좋을 거야. 또 코딩이나 영상 편집 같은 디지털 기술을 배우는 것도 도움이 되겠지? 특히 창의력을 기르는 게 정말 중요한데 버려지는 물건으로 새로운 물건을 만들어 보거나 환경 문제 해결 아이디어를 생각해 보는 것도 좋은 방법이야.

착한 소비는 새로운 직업을 계속 만들어 내고 있어. 너희가 어른이 될 때쯤에는 지금은 상상도 못 한 직업들이 생길 수도 있어. 어쩌면 너희가 그 직업을 직접 만들어 낼 수도 있겠지.

착한 소비가 만드는 새로운 직업은 우리의 미래를 더 밝게 만들어 주고 있어. 이런 직업은 돈도 벌면서 동시에 환경도 지킬 수 있어서 정말 특별하지. 우리의 작은 소비 습관이 이렇게 멋진 미래를 만들어 낼 수 있다니 놀랍지 않니? 지금 당장 할 수 있는 작은 실천부터 시작해 보는 건 어떨까?

4부

세계경제 탐험대,
지구 한 바퀴
경제 여행

무역은 어떻게 시작되었을까?

> **바다를 건넌 물건들: 우리가 모르던 무역의 신기한 이야기**

지금 입고 있는 옷이 어디서 왔는지 궁금한 적 없니?
아침에 먹은 바나나는 어떤 나라에서 온 걸까? 우리 주변의 많은 물건들은
사실 먼 나라에서 온 것들이야. 이 물건들이 어떻게 우리 손에 닿게 되었는지
그 과정을 살펴볼까?

학습 키워드 #실크로드 #대항해시대 #문화교류 #운송수단의발전 #전자상거래

교과 연계 중1 > 사회 > 생활 속에서 볼 수 있는 다양한 시장의 사례를 조사하고 시장이 우리 생활에 왜 필요한지 이해한다.

세계 무역의 역사

지금부터 '무역'에 대해 알아볼 거야. 무역이 뭔지 알고 있니? 쉽게 설명하면 나라와 나라 사이에 물건을 사고파는 걸 말해. 무역은 언제부터 시작됐을까? 무역의 역사는 정말 오래됐어. 옛날 옛적, 사람들은 자기 마을에서 구할 수 없는 물건을 얻기 위해 먼 길을 떠났대. 소금이 없는 마을 사람들은 바다 근처 마을로 가서 소금을 구했지. 대신 자기 마을에서 나는 곡식이나 가축과 바꿨다고 해. 이렇게 서로 필요한 걸 교환하는 게 무역의 시작이었어. 시간이 지나면서 점점 더 먼 곳으로 모험을 떠나는 사람들이 늘어났지. 비단길(실크로드)이라고 앞에서 이야기했던 거 기억나니? 중국에서 시작해서 중앙아시아를 거쳐 유럽까지 이어졌던 긴 무역로 말이야. 비단, 향신료, 보석 같은 귀중한 물건들이 이 길을 통해

오갔다고 해.

바다를 통한 무역도
발달했어. 처음에는 작은
배로 시작했지만, 나중엔
커다란 범선을 만들어서
큰 바다를 건너기 시작
했대. 15세기부터는 유
럽 사람들이 새로운 항
로를 찾으면서 대항해시대를 열었어. 콜럼버스가 아메리카 대륙을 발견
한 것도 이 무렵이었지. 무역을 통해 단순히 물건만 오간 게 아니라 문화
도 함께 전해졌어. 마르코 폴로라는 탐험가는 중국에 갔다 와서 유럽에
중국 문화를 소개했대. 이런 식으로 무역은 세계를 하나로 연결시켰지.

19세기에 들어서면서 무역은 더욱 빠르게 발전했어. 증기선과 기차
의 발명으로 물건을 더 빨리, 더 많이 운반할 수 있게 됐거든. 20세기에
는 비행기까지 등장하면서 전 세계가 더욱 가까워졌지.

오늘날의 무역은 어떨까? 인터넷이 생기면서 이제는 클릭 몇 번으
로 전 세계 물건을 살 수 있게 됐어. 심지어 우리나라 아이돌의 굿즈를
사기 위해 외국 팬들이 한국 쇼핑몰을 이용하기도 해. 이것도 일종의 무
역이야.

무역이 우리에게 주는 장점과 단점

무역은 우리 생활을 풍요롭게 만들어 줬어. 커피를 마시고, 바나나
를 먹고, 외국 브랜드 옷을 입는 것은 모두 무역 덕분이야. 하지만 무역
에는 좋은 점만 있는 건 아니란다. 너무 많은 물건이 외국에서 들어오면

정작 우리나라에서 물건을 만드는 회사는 어려워질 수 있거든. 그래서 각 나라는 '관세'라는 세금을 외국에서 들어오는 물건에 붙이고 있어. 이런 식으로 자기 나라 기업을 보호하는 거지.

무역은 환경 문제도 발생시키고 있어. 물건을 멀리 운반하려면 기름을 많이 써야 하고, 그러면 공기가 오염되거든. 그래서 요즘은 가까운 곳에서 생산된 물건을 사용하자는 운동도 일어나고 있어.

무역의 역사를 살펴보면 재미있는 점이 있어. 바로 무역의 중심지가 계속 바뀐다는 점이야. 옛날에는 이탈리아의 베네치아나 네덜란드가 무역의 중심지였는데, 지금은 미국이나 중국이 세계 무역을 이끌고 있어. 우리나라도 세계 무역에서 중요한 위치를 차지하고 있지.

앞으로 무역은 어떻게 변할까? 아마 더욱 빠르고 편리해지지 않을까? 3D 프린터 같은 기술이 발전하면 멀리 있는 물건도 금방 만들어 쓸 수 있게 될지도 몰라. 그런 세상이 온다면 무역이 사라질까? 무역이 필요하지 않는 세상이 오더라도 무역이 갖고 있는 본질은 변하지 않을 거야. 그건 바로 '서로 도움을 주고받는 것'이야. 우리가 가진 걸 남에게 나눠 주고, 우리에게 필요한 걸 받는 거 말이야. 이런 점에서 무역은 국가 사이의 우정을 나누는 거라고도 할 수 있어.

너희도 언젠가는 세계 무역에 참여하게 될 거야. 외국에서 공부하거나 일하게 될 수도 있고, 외국 사람들과 거래하게 될 수도 있어. 그때 무역의 역사를 떠올려 봐. 무역이 어떻게 시작되고 발전해 왔는지 알았으니까 다음에 물건을 살 때는 그 물건이 어디서 왔는지 한 번쯤 생각해 보는 건 어떨까? 그 물건이 너희 손에 오기까지의 긴 여정을 상상해 보면 물건을 더 소중히 여기게 될 거야. 너희가 자라서 전 세계를 누비는 날을 기대해 볼게.

1. 다음 중 무역과 관련 없는 내용은 무엇일까?

① 서로 필요한 걸 교환하는 게 무역의 시작이었다.

② 15세기부터 유럽 사람들이 새로운 항로를 찾으면서 바다 무역이 발달했다.

③ 마르코 폴로가 유럽에 우리 문화를 소개했다.

④ 인터넷이 생기면서 클릭 몇 번으로 전 세계 물건을 살 수 있게 됐다.

2. 고대 무역의 대표적인 교역로 중 하나인 '실크로드'의 주요 교역품은 무엇이었을까?

----

3. 무역이 인류 문명 발전에 미친 영향을 세 가지 이상 이야기해 보자.

----

4. 왼쪽의 설명과 오른쪽의 해당 시기를 알맞게 연결해 보자.

① 서로 필요한 물건을 교환함   •   •ㄱ. 대항해 시대

② 유럽에서 아메리카 대륙 발견   •   •ㄴ. 고대

③ 실크로드를 통한 비단·향신료 교역•   •ㄷ. 현대

④ 인터넷으로 전 세계 물건을 사고팜•   •ㄹ. 중세

 더 알고 싶어 119

▦ 도서   ▷ 영상   🔍 사이트

▷ **무역을 왜 하나요? (한국은행)**

무역은 단순히 물건을 사고파는 일이 아닐지도 몰라. 한 나라의 경제를 키우고, 일자리를 만들고, 새로운 기술이 오가게 하는 중요한 통로거든. 그래서 무역이 멈추면 세상도 조금 멈춘 것처럼 느껴질 거야.

무역이 불공평하다고?

세계경제의 숨겨진 진실

너희가 먹고 있는 초콜릿이 누군가의 눈물로 만들어졌다면 기분이 어때?
우리가 입고 있는 옷이 누군가의 고통으로 지어졌다면? 우리가 당연하게 여기는 무역 속에
숨겨진 불편한 진실이 있어. '공정하지 않은 무역'에 대해 알아보고,
우리가 할 수 있는 일은 무엇인지 함께 고민해 보자.

학습 키워드 #불공정무역 #공정무역 #윤리적소비 #빈곤의악순환 #환경파괴 #인권문제
교과 연계 중2 > 사회 > 세계 여러 지역의 자원과 산업 분포를 조사하고, 나라 간 분업과 무역이 이루어지는 이유를 이해하며, 이러한 교류가 각 나라의 경제와 생활에 어떤 변화를 가져오는지 탐구한다.

커피와 초콜릿 무역의 어두운 면

불공정 무역은 쉽게 말해서, 한쪽이 이익을 많이 보고 다른 쪽은 손해를 보는 무역을 말해. 예를 하나 들어 볼게. 우리가 마시는 커피 한 잔의 가격은 꽤 비싸지. 그런데 커피콩을 기르는 농부들은 가난하게 살고 있다고 해. 왜 그럴까?

농부들이 힘들게 기른 커피콩을 아주 싼값에 사들이는 커다란 회사들이 있어. 이 회사들은 그 커피콩으로 비싼 커피를 만들어서 팔고 있지. 결국 커피 회사는 엄청난 돈을 벌지만, 정작 커피콩을 기른 농부들은 가난하게 사는 게 바로 불공정 무역의 대표적인 사례야. 초콜릿도 마찬가지 경우래. 카카오 농장에서 어린이들이 일하고 있다는 거 알고 있었니? 그 어린이들은 학교에도 가지 못하고 힘든 일을 하면서 돈을 번

144

다고 해. 하지만 초콜릿 회사들은 카카오를 초콜릿으로 만들어서 큰돈을 벌고 있지.

우리가 입는 옷에도 이와 비슷한 문제가 있어. 값싼 옷을 사면 좋지만, 그 옷을 만드는 사람들은 아주 열악한 환경에서 일하고 있어. 위험한 환경의 공장에서 하루 종일 일해도 받는 돈은 아주 적다고 해.

불공정 무역이 생기는 이유

이런 불공정 무역은 왜 생기는 걸까? 여러 가지 이유가 있어.

첫째, 큰 회사들의 욕심 때문이야. 회사는 더 많은 이익을 남기려고 하기 때문에 물건을 만드는 사람들에게 되도록 돈을 적게 주려고 하지. 둘째, 가난한 나라들의 어려운 상황 때문이야. 일자리가 부족한 나라는 나쁜 조건이라도 일을 하려는 사람들이 많아. 그러다 보니 불공정한 거래를 받아들이게 되는 거지. 셋째, 소비자들이 잘 모르고 있기 때문이야. 우리가 싼 물건만 찾다 보니, 기업들은 불공정한 거래를 하면서 계속 값싸게 만들려고 노력하는 거야. 넷째, 법과 규제가 부족하기 때문이야. 국제적으로 불공정한 무역을 막을 수 있는 강력한 법률이 없어.

불공정 무역이 일으키는 문제와 해결 방안

이런 불공정 무역은 어떤 문제를 일으킬까?

가장 큰 문제는 빈곤의 악순환이야. 이런 일이 계속되면 가난한 나라 사람들은 계속 가난하게 살 수밖에 없어. 반면 부자 나라들은 계속 부자가 되겠지. 환경 파괴도 심각한 문제야. 값싼 물건을 많이 만들어 내다 보니 자연이 망가지고 있어. 열대우림이 사라지고, 강물도 오염되고 있지. 인권 문제도 있지. 아동을 착취하는 문제나 위험한 작업 환경에 방치

되는 문제들이 계속되고 있어. 그렇다면 이런 불공정 무역은 어떻게 해결할 수 있을까?

첫째, '공정 무역' 제품을 사는 거야. 공정 무역은 생산자에게 정당한 대가를 지불하고 안전한 노동 환경을 보장하는 물건을 사고파는 무역을 말해. 공정 무역 마크가 붙은 제품을 사면 큰 도움이 돼. 둘째, 물건의 출처에 관심을 갖는 거야. 너희가 사는 물건이 어디서 어떻게 만들어졌는지 찾아보는 습관을 들이면 좋아. 셋째, 재활용과 재사용을 실천하는 거야. 물건을 오래 쓰고 꼭 필요한 것만 사면 불필요한 생산을 줄일 수 있어. 넷째, 주변 사람들에게 알리는 거야. 불공정 무역의 문제점을 많은 사람들이 알게 되면 변화를 만들어 낼 수 있어. 다섯째, 기업들에게 목소리를 내는 거야. 우리는 소비자로서 기업에 공정한 무역을 요구할 수 있어.

정부와 국제기구의 역할도 중요해. 더 강력한 법률과 규제를 만들어야 하기 때문이지. 그리고 가난한 나라들이 스스로 발전할 수 있도록 도와줘야 해. 불공정 무역 문제를 해결하려는 노력들도 계속되고 있어. 'Fair Trade International'이란 단체는 공정 무역 인증을 해 주고 있지. 또 몇몇 기업들은 스스로 윤리적인 생산을 하겠다고 약속하기도 했어. 소비자들의 요구가 늘어나면서 점점 더 많은 기업들이 이렇게 변화하고 있단다. 학교에서도 공정 무역에 대해 배우고 있어. 미래의 소비자인 너희가 이런 문제를 알고 실천하는 게 중요하기 때문이지.

이제 불공정 무역에 대해 조금은 알게 됐지? 세상을 변화시키는 건 절대 쉽지 않아. 하지만 우리 모두가 조금씩 노력한다면 분명 더 나은 세상을 만들 수 있을 거야. 다음에 물건을 살 때는 "이 물건은 어떻게 만들어졌을까? 누군가에게 피해를 주지는 않았을까?" 생각해 보는 습관을 들여 보자. 이런 작은 관심이 세상을 바꾸는 첫걸음이 될 수 있어.

1. 다음 중 불공정 무역이 생기는 이유가 아닌 것은 무엇일까?

① 큰 회사들의 욕심   ② 가난한 나라의 여유로운 상황

③ 소비자들이 잘 모르고 있어서   ④ 법과 규제가 부족해서

2. 불공정 무역의 대표적인 예로 자주 이야기되는 농산물은 무엇일까?

----

3. 무역에서 발생하는 불공정 사례를 찾아서 이를 해결하기 위한 방법을 적어 보자.

----

4. 다음 문장을 읽고 맞으면 O, 틀리면 X를 표시하자.

(1) 공정 무역 제품은 생산자에게 정당한 대가를 지급한다. (　　　)

(2) 불공정 무역은 환경 파괴와 인권 문제를 유발할 수 있다. (　　　)

(3) 값싼 옷은 모두 공정 무역으로 만들어진다. (　　　)

 더 알고 싶어 119

📖도서 　▷영상 　🔍사이트

🔍 **공정 무역의 가면을 쓴 불공정 무역** (대한민국청소년기자단, 노태인 기자, 2016)
'공정 무역'이라 불리지만, 정말 모두에게 공정할까? 겉으론 착한 소비처럼 보이지만, 여전히 이익이 불균형하게 나뉘는 경우가 많대. 진짜 공정함이란 무엇인지 생각해 보자.

▷ **달콤한 초콜릿 뒤에 숨겨진 씁쓸한 진실** (KBS 뉴스) 우리가 즐겨 먹는 초콜릿이 누군가에겐 고통의 결과일 수도 있대. 카카오 농장에서 일하는 어린이들의 현실을 보면, 달콤함 뒤에 가려진 불공정이 얼마나 깊은지 알 수 있을 거야.

보호무역과 공정 무역

세계경제의 두 얼굴: 울고 웃는 무역 이야기

무역의 세계는 마치 롤러코스터 같아! 어떨 때는 신나게 오르고,
어떨 때는 아찔하게 내려가지. 오늘은 이 롤러코스터의 두 가지 모습인 '보호무역'과
'공정 무역'에 대해 알아볼 거야. 하나는 나라를 지키는 거고,
다른 하나는 모두를 공평하게 만들려는 거야.

학습 키워드 #보호무역 #공정무역 #관세 #윤리적소비 #환경보호 #경제균형 #국제협력
교과 연계 중2 > 사회 > 여러 나라의 경제 체제를 비교하고 시장과 정부가 경제 문제를 해결하는
방식의 차이를 이해한다.

보호무역이 좋을까? 공정 무역이 좋을까?

보호무역은 자기 나라의 산업을 지키기 위해 다른 나라 물건의 수입을 제한하는 정책이야. 쉽게 말해, 우리나라 물건을 지키기 위해 외국 물건이 들어오는 걸 막는 거지.

왜 이런 정책을 쓰는 걸까? 첫째, 자국 산업을 보호하기 위해서야. 우리나라 농부들이 키운 쌀을 지키기 위해 외국 쌀의 수입을 제한하는 거지. 둘째, 일자리를 지키기 위해서야. 외국 물건이 많이 들어오면 우리나라 공장들이 문을 닫을 수도 있잖아? 그러면 일자리가 줄어들겠지? 셋째, 국가 안보를 위해서야. 반도체처럼 중요한 산업을 모두 외국에 의존하면 위험할 수 있어.

보호무역을 하는 방법에는 여러 가지가 있어. 관세를 높이는 방법,

수입 물량을 제한하는 방법, 까다로운 규제를 만드는 방법 등이 있지.

하지만 보호무역에도 문제가 있어. 첫째, 물건 값이 비싸질 수 있어. 경쟁이 줄어들면 기업들이 물건 값을 마음대로 올릴 수 있거든. 둘째, 기술 발전이 늦어질 수 있어. 외국 기업들과 경쟁하지 않으면 새로운 기술을 개발할 이유가 줄어들잖아? 셋째, 다른 나라와의 관계가 나빠질 수 있어. "너네 나라 물건은 안 받을 거야!"라고 하면 그 나라가 좋아할 리 없겠지?

공정 무역은 모든 나라, 특히 가난한 나라 생산자들에게 정당한 대가를 지불하는 무역이야.

공정 무역은 왜 필요할까? 첫째, 가난한 나라의 생산자들을 돕기 위해서야. 그들이 정당한 대가를 받을 수 있게 해 주는 거지. 둘째, 환경을 지키기 위해서야. 공정 무역은 환경을 해치지 않는 방식으로 물건을 만들도록 하고 있어. 셋째, 인권을 지키기 위해서야. 아동 노동이나 위험한 작업 환경을 없애는 데 도움이 되기 때문이지.

공정 무역은 어떻게 이루어질까? 먼저 생산자에게 정당한 가격을 지불하는 거야. 그리고 안전한 작업 환경을 만들어 주고, 환경을 보호하는 방식으로 생산하도록 권하는 거지. 공정 무역 제품은 어떻게 알아볼 수 있을까? '공정 무역 인증 마크'가 붙어 있으면 공정 무역 제품이야. 이 마크가 있으면 공정하게 만들어진 제품이라는 뜻이지.

하지만 공정 무역을 하는 데도 어려움이 있어. 첫째, 가격이 조금 비싸. 정당한 대가를 지불하려다 보니 어쩔 수 없겠지? 둘째, 아직 많은 사람들이 공정 무역을 잘 모르고 있어. 그래서 공정 무역 제품을 찾는 사람이 적지. 셋째, 공정 무역 인증을 받기가 쉽지 않아. 특히 작은 농장이나 공장은 인증받기가 더 어렵다고 해.

보호무역과 공정 무역의 장단점

보호무역과 공정 무역에 대해 알아봤는데, 어떤 게 더 좋은 것 같아? 사실 둘 다 장단점이 있어. 보호무역은 자기 나라의 산업을 지키는 데는 도움이 되지만, 국제 관계를 악화시킬 수 있어. 공정 무역은 가난한 나라를 돕고 환경을 지키는 데는 좋지만, 가격이 비싸질 수 있지. 그래서 많은 나라들이 이 둘의 균형을 맞추려고 노력하고 있어. 우리나라도 중요한 산업은 보호하면서 다른 나라와의 무역도 활발히 하고 있지. 그러면서 공정 무역 제품도 점점 늘리고 있어.

너희도 이런 노력에 동참할 수 있어. 어떻게 하면 될까?

첫째, 물건을 살 때 그 물건의 출처에 관심을 가져 보는 거야. 어디서 온 물건인지, 어떻게 만들어졌는지 생각해 보고 사는 거지. 둘째, 가능하다면 공정 무역 제품을 사는 거야. 조금 비싸더라도 누군가에게 도움이 된다고 생각하면 기분이 좋겠지? 셋째, 주변 사람들에게 보호무역과 공정 무역에 대해 알려 주는 거야. 많은 사람들이 관심을 가진다면 세상도 조금씩 바뀌겠지. 넷째, 우리나라 물건도 애용하는 거야. 보호무역의 좋은 점을 직접 실천하는 거지. 다섯째, 환경을 생각하는 소비를 하는 거야. 필요한 것만 사고, 재활용하는 습관을 들이면 돼.

보호무역은 우리나라를 지키는 방패 같아. 하지만 이 방패가 너무 두꺼우면 다른 나라와 친구가 되기 어려워질 수 있지. 공정 무역은 모두가 함께 잘 사는 세상을 만드는 열쇠 같아. 하지만 이 열쇠를 사용하려면 우리 모두의 노력이 필요해.

보호무역과 공정 무역에 대해 조금은 알게 됐니? 너희의 작은 실천이 세상을 바꿀 수 있다는 걸 잊지 마! 함께 노력하면 반드시 더 나은 세상을 만들 수 있을 거야.

1. 다음 중 보호무역과 관련된 내용이 아닌 것은 무엇일까?

   ① 자국 산업을 보호하기 위한 정책이다.

   ② 가난한 나라의 생산자들을 도울 수 있다.

   ③ 관세를 높이거나 수입 물량을 제한하는 방법을 쓴다.

   ④ 기술 발전이 늦어질 수 있다.

2. 보호무역의 대표적인 수단 중 하나로 수입품에 부과하는 세금은 무엇일까?

   ----

3. 보호무역과 공정 무역의 장단점을 비교하면서 우리나라 경제에 어떤 영향을 미칠지 생각을 적어 보자.

   ----

4. 다음 문장을 읽고 괄호 안에 들어갈 알맞은 말을 보기에서 골라 써 보자.

   보기   ㄱ. 수입   ㄴ. 정당한 대가   ㄷ. 공정 무역 인증 마크   ㄹ. 세금

   (1) 보호무역은 국가의 산업을 지키기 위해 외국 물건의 _____(을)를 제한 하는 정책이다.

   (2) 공정 무역은 생산자에게 _____(을)를 지불하고 안전한 환경에서 물건을 만드는 것을 목표로 한다.

   (3) 공정 무역 제품에는 _____(이)가 붙어 있어 소비자가 쉽게 알아볼 수 있다.

 더 알고 싶어 119   📑 도서   ▶ 영상   🔍 사이트

🔍 **미국 통상정책에 나타난 공정 무역 개념 검토 (KDI 경제정보센터)**
미국이 말하는 '공정 무역'은 정말 모두에게 공정할까? 겉으로는 평등한 거래를 내 세우지만, 사실은 자국의 이익을 지키려는 전략적 의미가 더 강하다고 해. 공정이라 는 말이 꼭 정의롭다는 뜻은 아닌 것 같아.

▶ **10대들의 '공정무역 카페기획단'…직접 음료 개발해 팔고 배운다 (KBS)**
학생들이 직접 공정무역 재료로 음료를 만들고 판매까지 한다니 멋지지 않아? 단순 히 물건을 파는 게 아니라, '공정한 거래'가 세상을 어떻게 바꿀 수 있는지 몸으로 배 우는 경험일 거야. 소비가 누군가의 삶에 어떤 의미가 되는지도 느꼈겠지?

세계화 시대의
좋은 점

지구촌 파티에 초대받은 우리들

전 세계가 하나의 거대한 파티장이 되었다고 상상해 봐!
이 파티에서는 다양한 나라의 음식을 맛보고, 신기한 물건들을 구경하고,
새로운 친구들을 사귈 수 있어. 이게 바로 '세계화'지.
신나는 지구촌 파티, 세계화의 좋은 점들을 함께 알아볼까?

학습 키워드　#문화교류 #글로벌커뮤니케이션 #국제협력 #글로벌시민의식
교과 연계　중2 > 사회 > 여러 나라의 경제 체제를 비교하고 시장과 정부가 경제 문제를 해결하는 방식의 차이를 이해한다.

세계화는 왜 좋을까?

　'세계화'란 쉽게 말해 전 세계가 하나로 연결되는 현상을 말해. 세계화가 되면 어떤 점이 좋을까? 먼저 다양한 문화를 경험할 수 있어. 요즘 동네에서도 세계 각국의 음식을 맛볼 수 있잖아. 이탈리아 피자, 일본 스시, 멕시코 타코 등 세계 여행을 떠나지 않아도 다양한 나라의 맛을 즐길 수 있게 됐어. 방탄소년단^{BTS}이나 블랙핑크 같은 한국 가수들이 전 세계에서 인기를 얻고 있는 것도 세계화 덕분이야. 우리나라의 문화가 세계로 뻗어 나가는 거지. 영화도 마찬가지야. 할리우드 영화부터 발리우드^{bollywood} 영화까지 다양한 나라의 영화를 손쉽게 볼 수 있게 됐어. 봉준호 감독의 〈기생충〉이 아카데미상을 받은 것도 세계화가 돼서 가능한 거야.

　여행도 쉬워졌어. 세계화 덕분에 여행이 편리해지고 가격도 저렴해

졌거든. 인터넷으로 전 세계 친구들과 대화할 수 있는 것도 세계화의 혜택이야. 인스타그램이나 페이스북 같은 SNS로 지구 반대편에 사는 친구와도 쉽게 소통할 수 있게 됐지. 쇼핑의 세계도 넓어졌어. 해외 직구라고 들어 봤지? 우리나라에서 팔지 않는 독특한 물건들도 쉽게 구할 수 있어. 교육의 기회도 늘어났대. 요즘은 해외 유명 대학의 강의를 온라인으로 들을 수 있어.

세계화는 우리의 일상을 더욱 편리하게 만들어 줬어. 스마트폰만 보더라도 한국 회사 제품이지만, 부품은 전 세계에서 가져와서 만들고 있잖아. 미국의 기술과 일본의 부품, 중국의 조립 과정이 모두 합쳐져서 우리 손에 들어오는 거지.

세계화는 환경 보호에도 도움이 돼. 지구 온난화 같은 전 세계적인 문제를 해결하기 위해 여러 나라가 힘을 모으고 있어. 의학이 발전하는 데도 큰 역할을 하고 있지. 코로나19 백신이 빨리 개발될 수 있었던 것도 전 세계 과학자들이 모두 힘을 합쳤기 때문이야. 스포츠 경기도 더 재미있어졌어. 월드컵이나 올림픽 같은 국제 대회에서 전 세계 선수들의 경기를 볼 수 있게 됐잖아. 손흥민 선수가 영국 프리미어리그에서 활약했던 것도 세계화 덕분이지.

세계화는 우리에게 더 많은 선택의 기회를 주고 있어. 예를 들면 옛날에는 우리나라 가요나 팝송 정도만 들었지만 이제는 아프리카 음악, 남미의 삼바, 인도의 전통 음악까지 다양한 장르를 즐길 수 있어. 외국어를 공부하는 것도 쉬워졌어. 유튜브나 넷플릭스로 외국 드라마를 보거나 듀오링고 같은 앱으로 쉽고 재미있게 외국어를 공부할 수 있게 됐거든.

세계화는 우리의 시야를 넓혀 주고 있어. 다른 나라의 문화와 생각을 이해하게 되면서 우리의 생각도 더 풍부해졌지. 그러면 편견도 줄어들고 서로를 이해하는 폭도 넓어지겠지? 일자리를 찾는 기회도 늘어났어. 이제는 꼭 한국 회사가 아니라도 외국 회사에 취직할 수도 있잖아.

세계화는 경제 성장에도 도움을 주고 있어. 기업들이 더 넓은 시장에서 경쟁하면서 더 좋은 제품을 만들게 되었지. 소비자인 우리는 더 질 좋은 제품을 더 싸게 살 수 있어. 세계화의 장점을 잘 활용하면 우리 삶이 더욱 풍요로워질 거야. 어떻게 하면 세계화의 혜택을 더 잘 누릴 수 있을까?

세계화의 혜택을 더 잘 누리는 방법

먼저 외국어 공부를 열심히 해 보는 건 어때? 언어는 세계와 소통하는 열쇠니까 말이야. 다른 나라의 문화에 관심을 가져 보는 것도 좋아. 외국 영화를 보거나 다른 나라 음식을 먹으면서 그 나라의 문화를 이해해 보려고 노력하는 거야. SNS로 외국 친구들을 사귀는 것도 재미있을 것 같아. 다른 나라 친구들과 대화하면 새로운 시각을 배울 수 있어. 세계 뉴스에도 관심을 가져 볼까? 우리나라 소식뿐만 아니라 다른 나라에서 어떤 일이 일어나고 있는지 알아보는 거지.

세계 여러 나라를 다니면서 직접 다양한 문화를 경험해 보는 건 어때? 온라인 강의를 듣는 것도 추천할게. 세계 유명 대학교의 강의를 들으면 새로운 지식을 쌓을 수 있어. 세계화 시대에는 새로운 것을 배우는 데 두려워하지 말고 호기심을 품고 계속 도전하려는 자세가 필요해.

또 우리의 문화도 소중히 여겨야 해. 세계화 속에서도 우리의 정체성을 잃지 않아야 하거든. K-pop이나 한식처럼 우리 문화의 좋은 점을 세계에 알리는 것도 좋은 방법이야. 세계화는 우리에게 무한한 기회를 제공하고 있어. 이 기회를 잘 활용해서 더 넓은 세상으로 나아가길 바랄게. 세계는 넓고 할 일은 많으니까 너희의 꿈을 세계로 펼쳐 봐.

1. 세계화로 인해 국가 간 이동이 자유로워지면서 좋아진 점이 아닌 것은 무엇일까?

　① 다양한 문화를 경험할 수 있다.

　② 여행이 편리해지고 가격도 저렴해졌다.

　③ 해외 유명 대학에 입학하기 쉬워졌다.

　④ 전 세계 스포츠 경기를 즐길 수 있다.

2. 세계화의 혜택을 더 잘 누릴 수 있는 방법은 무엇일까?

　――――――――――――――――――――――――――――

　――――――――――――――――――――――――――――

　――――――――――――――――――――――――――――

3. 세계화가 우리의 일상에 미친 좋은 영향을 구체적인 예를 들어 적어 보자.

　――――――――――――――――――――――――――――

　――――――――――――――――――――――――――――

　――――――――――――――――――――――――――――

4. 다음 중 세계화의 장점에 해당하지 않는 것은 무엇일까?

　① 여러 나라의 음식을 맛볼 수 있다.

　② 월드컵과 같은 국제 스포츠 대회를 즐길 수 있다.

　③ 해외 친구와 실시간으로 소통할 수 있다.

　④ 외국 제품의 가격이 항상 비싸진다.

 더 알고 싶어 119　　　　　📖 도서　▷ 영상　🔍 사이트

🔍 **세계화가 빈곤·폭력·실업 부른다 (한겨레, 조홍섭)**
세계화가 경제 발전만 가져온 건 아니래. 일자리 불안과 빈곤, 사회적 갈등 같은 그
늘도 함께 커지고 있지. '성장'이라는 말 뒤에 숨은 현실을 한번 더 생각해 보자.

▷ **긍정적인 세계화의 사례를 보여 준 영국의 '만국박람회' (차클 플러스)**
1851년 런던 만국박람회는 세계 각국이 기술과 문화를 나누던 첫 무대였다. 경쟁
보다 교류에 초점을 맞춘 이 행사는 세계화가 지닌 긍정적인 힘을 보여 준 상징적인
사건으로 남아 있어.

세계화 시대의 이면

지구촌 파티의 뒷이야기

앞에서 전 세계가 하나의 거대한 파티장이 된 게 세계화라고 했잖아.
근데 겉으로 보기엔 화려해 보이는 이 파티 뒤에서 과연 무슨 일이 벌어지고 있는 걸까?
'세계화'라는 멋진 파티 뒤의 숨겨진 이야기를 파헤쳐 볼 거야.

학습 키워드	#문화의획일화 #환경문제 #경제불평등 #문화적충돌
교과 연계	중1 > 사회 > 합리적인 선택의 의미를 이해하고 정부·기업·노동자·소비자가 맡은 역할과 책임을 탐구한다.

세계화 시대의 숨겨진 문제점

세계화가 뭔지 알지? 전 세계가 하나로 연결되는 현상을 말해. 근데 세계화가 좋기만 할까? 세계화는 마치 양날의 검과 같아. 좋은 점도 있지만, 숨겨진 문제점들도 있지. 여기서는 그 숨겨진 이야기를 들려줄게.

먼저 문화가 똑같아지는 획일화 문제가 있어. 전 세계 어디를 가도 비슷한 음식을 먹고 비슷한 옷을 입고 비슷한 음악을 듣게 되는 거지. 맥도날드, 스타벅스, 유니클로… 어디서나 볼 수 있는 브랜드들이야. 편리하긴 하지만, 각 나라의 고유한 문화가 사라지고 있다는 걱정도 들어.

제주도에 가면 뭐 먹고 싶어? 흑돼지? 갈치? 그런데 요즘 제주도에 가면 햄버거 체인점이 많이 생겼대. 편리하긴 하지만 뭔가 아쉽지 않니?

환경 문제도 심각해지고 있어. 수많은 물건을 전 세계로 각기 보내려면 엄청난 양의 연료가 필요하잖아. 이것 때문에 지구 온난화가 더 빨라지고 있대.

일자리 문제도 있어. 값싼 노동력을 찾아서 공장들이 해외로 옮기면서 나라마다 실업 문제가 생기고 있어. 너희 부모님 세대가 겪고 있는 어려움 중 하나야. 빈부 격차도 커지고 있어. 세계화의 혜택을 누리는 사람들은 더 부자가 되고, 그렇지 못한 사람들은 더 가난해지고 있지.

문화적 충돌도 일어나고 있어. 서로 다른 문화가 만나면서 오해와 갈등이 생기기도 해. 전학 온 외국인 친구와 문화 차이로 다툰 적 없니? 그런 일들이 전 세계적으로 일어나고 있는 거야.

언어의 다양성도 줄어들고 있어. 영어가 세계 공용어가 되면서 소수 언어들이 사라지고 있대. 언어가 사라진다는 건 그 문화의 일부가 사라진다는 뜻이야.

개인 정보 보호 문제도 있어. 페이스북, 인스타그램 같은 SNS를 통해 우리의 정보가 전 세계로 퍼지고 있거든. 귀여운 셀카 사진이 전 세계로 퍼져 누군가에 의해 나쁘게 이용될 수도 있다고 생각하면 무섭지 않니?

질병도 빠르게 확산되고 있어. 전 세계가 연결되어 있어서 코로나19 바이러스가 순식간에 퍼졌잖아. 마치 좀비 영화의 한 장면 같았어. 식품 안전 문제도 있어. 멀리서 온 음식들은 방부제나 유전자 조작 등의 방법으로 만들어지는 경우가 많아. 맛있어 보이는 과일이 사실은 건강에 해로울 수 있다는 거지.

문화적 정체성 혼란도 생기고 있어. 전 세계의 다양한 문화가 섞이다 보니 "나는 누구인가?"라는 질문에 답하기가 어려워지고 있어. 너희는 자신을 한국인이라고 생각하니, 아니면 세계시민이라고 생각하니?

경제 위기가 전 세계로 퍼지는 것도 문제야. 한 나라의 경제 문제가 심각해지면 도미노처럼 다른 나라로 위기가 퍼지기 쉬워졌어. 2008년 세계 금융 위기가 그런 대표적인 사례지. 기술 격차도 커지고 있어. 첨단 기술을 가진 나라와 그렇지 못한 나라의 차이가 점점 벌어지고 있지.

세계화로 생긴 문제를 해결하려면?

그렇다면 이런 문제들을 어떻게 해결할 수 있을까?

먼저 지역 문화를 소중히 여기는 게 중요해. 세계화 속에서도 우리의 전통과 문화를 지켜 나가야 하는 거지. 한복 입고 셀카 찍기, 어때? 환경 보호에도 관심을 가져야 해. 일회용품 줄이기, 재활용하기 같은 작은 실천부터 시작할 수 있어. 다양성을 존중하는 태도도 필요해. 다른 문화, 다른 생각을 가진 사람들을 이해하고 존중하려는 태도를 취하는 거지. 공정 무역 제품을 구매하는 것도 좋은 방법이야. 조금 비싸더라도 생산자에게 정당한 대가가 돌아가는 제품을 구입하는 거지. 개인 정보 보호에도 신경 써야 해. SNS를 사용할 때는 개인 정보가 드러나지 않게 주의를 기울이는 게 좋아. 건강에도 관심을 가져야 해. 가능하면 가까운 곳에서 생산된 음식을 먹는 게 좋아. 세계시민으로서의 책임감도 필요해. 전 세계에서 생기는 문제에 관심을 갖고, 작은 것부터 실천해 나가는 거야. 무엇보다 비판적 사고가 중요해. 모든 정보를 무조건 믿지 말고 항상 "왜?"라고 질문을 던져 봐.

세계화는 멋진 기회이기도 하지만, 동시에 우리가 주의해야 할 점들도 많아. 이런 문제들을 해결할 수 있는 사람은 바로 너희들이야! 너희들의 지혜와 열정을 모을 수 있다면 더 나은 세계를 만들 수 있을 거야. 이제 세계화라는 파티의 어두운 면도 들여다봤으니까 더 현명하게 즐길 수 있겠지?

1. 다음 중 세계화로 인해 생기는 문제가 아닌 것은 무엇일까?

   ① 문화가 똑같아지는 획일화　　　　② 개인 정보 유출 문제

   ③ 문화적 충돌　　　　　　　　　　④ 외국어 공부의 어려움

2. 세계화로 인해 생기는 문제 중 하나로 부유한 국가와 가난한 국가 간의 차이가 벌어
   지는 현상을 무엇이라고 할까?

   -

3. 세계화의 좋지 않은 영향을 줄이기 위해 우리가 할 수 있는 노력에는 어떤 것들이 있
   을까?

   -

   -

   -

   -

4. '세계화로 인한 문제점'과 '해결 방법'을 올바르게 짝지은 것은 무엇일까?

   ① 문화 획일화 → 외국어 공부　　　② 환경 오염 → 일회용품 줄이기

   ③ 개인 정보 유출 → 해외 직구 늘리기　④ 빈부 격차 → 값싼 노동력 찾기

더 알고 싶어 119

📑 도서　▷ 영상　🔍 사이트

🔍 **세계화는 글로벌 불평등의 주범인가?** (한국경제신문, 최희남)
세계화는 부를 넓게 퍼뜨렸지만, 동시에 격차도 키워 왔어. 자본은 빠르게 이동하지
만 노동은 그렇지 못하기 때문이야. 세계화가 누구에게 이익이 되는지 묻는 목소리
가 커지고 있대.

▷ **세계화와 빈부 격차를 가속화시키는 컨테이너의 끝없는 행진** (EBS 재미있는 상식)
컨테이너는 세계 무역의 상징이지만, 그 흐름은 불평등의 그림자도 남겼어. 값싼 노
동과 효율만을 좇는 세계화의 속도 속에서, 누가 더 큰 몫을 가져가는지 생각해 볼
필요가 있어.

우리나라의
수출품과 수입품

우리 집 냉장고부터 세계 시장까지

우리 주변에는 다른 나라에서 온 물건들로 가득해.
반대로 우리나라에서 만든 제품들은 세계 곳곳으로 팔려 나가고 있지.
이렇게 나라와 나라 사이에 물건을 사고파는 것을 '수출'과 '수입'이라고 해.

학습 키워드 #수출 #수입 #무역 #무역대국 #국제경쟁력 #경제성장 #글로벌시장
교과 연계 중1 > 사회 > 수요와 공급의 관계를 사례를 통해 탐구하고 이를 바탕으로 시장에서
물건의 값이 정해지는 원리를 이해한다.

우리나라가 수출하는 것들

'수출'은 우리나라에서 만든 물건이나 서비스를 다른 나라에 파는
걸 말해. 반대로 '수입'은 다른 나라에서 만든 물건이나 서비스를 우리
나라가 사 오는 거지.

우리나라는 수출을 많이 하는 나라로 유명해. 특히 반도체, 자동차,
선박 같은 제품들이 세계적으로 인기가 많아. 삼성전자나 현대자동차 같
은 기업들이 우리나라의 대표적인 수출 기업들이야.

가장 많이 수출하는 품목은 반도체야. 스마트폰이나 컴퓨터 안에 들
어 있는 작은 칩들이 바로 반도체지. 우리나라 반도체는 세계 최고 수준
이란다. 두 번째로 많이 수출하는 건 자동차야. 현대, 기아 같은 브랜드
의 자동차들이 외국에서도 인기가 많아. 최근에는 전기차도 많이 수출하

고 있어. 환경을 생각하는 자동차니까 앞으로 더 인기가 많아질 것 같아. 그다음으로는 석유화학 제품, 철강 제품, 선박 등이 있어. 우리나라 조선소에서 만든 큰 배들이 바다를 누비고 있다고 생각하면 멋지지 않니?

최근에는 K-pop이나 한국 드라마 같은 문화 콘텐츠도 많이 수출되고 있어. BTS나 블랙핑크 같은 아이돌 그룹의 음악과 〈오징어 게임〉 같은 드라마들이 세계적으로 인기를 끌면서 우리나라의 새로운 수출 효자 노릇을 하고 있지. 그렇다면 우리나라는 어떤 나라들에 주로 수출을 할까? 가장 많이 수출하는 나라는 중국이야. 그다음으로 미국, 베트남, 홍콩, 일본 순이지. 특히 가까운 아시아 국가들과 교역이 많은 편이야.

우리나라가 수입하는 것들

우리나라가 가장 많이 수입하는 것은 원유야. 석유가 나지 않아서 다른 나라에서 사 와야 하거든. 주로 중동 지역 국가들에서 수입하고 있어. 두 번째로 많이 수입하는 건 반도체야. 아까 반도체가 수출품 1위라고 했는데, 왜 수입도 많이 할까? 그건 반도체의 종류가 다양하기 때문이야. 우리가 잘 만드는 메모리 반도체는 수출하고, 상대적으로 부족한 비메모리 반도체는 수입하는 거지. 그 외에도 천연가스, 석탄, 컴퓨터, 자동차 부품 등을 많이 수입하고 있어. 식품 중에서는 쇠고기, 돼지고기, 밀, 옥수수 같은 것들을 많이 사 오고 있지.

우리나라가 주로 수입하는 국가들은 어디일까? 중국이 1위야. 그다음으로 미국, 일본, 사우디아라비아, 베트남 순이지. 수출할 때와 비슷하게 아시아 국가들과의 교역이 많은 편이야. 여기서 재미있는 점은 중국, 미국, 일본이 우리나라의 주요 수출국이면서 동시에 주요 수입국이라는 거지. 이렇게 서로 물건을 주고받는 걸 '무역'이라고 해.

세계 나라들이 무역을 하는 이유

그런데 왜 나라들끼리는 물건을 사고팔까? 그 이유는 첫째, 각 나라마다 잘 만들 수 있는 물건이 다르기 때문이야. 우리나라는 반도체나 자동차를 잘 만들지만 석유는 나지 않지. 반면 사우디아라비아는 석유가 많이 나지만 첨단 기술 제품은 잘 만들지 못해. 이렇게 서로의 장점을 살려서 물건을 사고파는 거지. 둘째, 가격 때문이야. 어떤 물건은 다른 나라에서 사 오는 게 더 싸기도 해. 예를 들어 바나나는 우리나라에서 재배하는 것보다 필리핀에서 사 오는 게 훨씬 저렴하거든. 셋째, 다양성 때문이야. 세계 여러 나라의 물건들을 수입하면 우리가 선택할 수 있는 물건의 종류가 많아지겠지? 무역 덕분에 이탈리아 파스타, 프랑스 치즈, 스위스 초콜릿처럼 각 나라의 특색 있는 제품들을 즐길 수 있어.

수출과 수입은 우리 경제에 아주 중요해. 수출을 많이 하면 우리나라 기업들이 돈을 많이 벌 수 있고 그만큼 일자리도 늘어나거든. 수입으로 우리나라에 없는 자원이나 기술을 들여올 수도 있지. 하지만 수출과 수입 사이의 균형도 중요해. 수입을 너무 많이 하면 우리나라 돈이 외국으로 많이 빠져나가고, 반대로 수출만 많이 하면 다른 나라들이 싫어할 수도 있지. 그래서 정부에서는 수출과 수입의 균형을 맞추기 위해 노력하고 있단다. 1960년대만 해도 우리나라는 아주 가난한 나라라서 수출할 만한 게 별로 없었지만 열심히 노력한 결과 지금은 세계 10위권의 무역 대국이 되었지. 너희는 앞으로 자라서 미래의 경제 주역이 될 거잖아. 어쩌면 세계적인 기업의 사장님이 되거나 새로운 수출 상품을 개발하는 과학자나 기술자가 될 수도 있겠지. 그러니 지금부터 세계경제에 관심을 가지고 열심히 공부한다면 미래에 우리나라 경제를 이끌어 갈 수 있을 거야.

1. 다음 중 우리나라가 주로 수출하는 물건이 아닌 것은 무엇일까?

① 반도체   ② 전기차   ③ 드라마   ④ 옥수수

2. 나라들끼리 물건을 사고파는 이유는 무엇일까?

3. 우리나라의 주요 수출품과 수입품을 조사하고, 이를 통해 우리나라 경제의 특징에 대해 적어 보자.

4. 다음 중 '무역'에 대한 설명으로 옳은 것은 무엇일까?

① 한 나라가 자국 내에서만 물건을 사고파는 것
② 각 나라가 서로 물건이나 서비스를 사고파는 것
③ 수출만 하는 경제 활동
④ 수입만 하는 경제 활동

 더 알고 싶어 119   📖 도서   ▶ 영상   🔍 사이트

🔍 **글로벌 무역통계 서비스 K-stat (무역통계정보시스템)**
우리나라 수출입 현황을 한눈에 볼 수 있는 사이트야. 어떤 나라에 무엇을 얼마나 파는지, 또 어디서 얼마나 사 오는지도 바로 확인할 수 있지. 무역 흐름을 제대로 이해하려면 꼭 한번 들어가 봐야 할 곳이야.

▶ **한국 수출품 '이것'은 트럼프 관세에도 불패 (SBS 경제자유살롱)**
미국의 관세 폭탄에도 끄떡없는 한국 수출품이 있다는데 궁금하지? 품질과 기술력 덕분에 꾸준히 인기를 얻고 있대. 결국 진짜 경쟁력은 숫자보다 신뢰에서 나오는 것 같아.

EU, 유럽은 왜 뭉쳤을까?

유럽의 BTS: 28개국이 뭉친 슈퍼 그룹의 비밀

전 세계에서 가장 큰 아이돌 그룹을 상상해 봐. 무려 28명이나 되는 멤버들이 모여서
하나의 팀을 이뤘다니까. 이게 바로 EU(유럽연합)야.
서로 다른 언어를 쓰고, 문화도 다르지만, 하나의 목표를 위해 뭉친 유럽 국가들.
이 특별한 '유럽 슈퍼 그룹'이 어떻게 탄생했고 왜 뭉쳤는지 함께 알아볼까?

학습 키워드 #유럽연합 #평화와협력 #단일시장 #유로화 #셍겐협정 #브렉시트 #문화다양성
교과 연계 중2 > 사회 > 여러 나라의 경제 체제를 비교하고 시장과 정부가 경제 문제를 해결하는
방식의 차이를 이해한다.

EU가 하나로 뭉친 이유

'EU'가 뭔지 아니? European Union의 줄임말로, 유럽의 28개 나라들이 모여 만든 하나의 큰 연합체야. 마치 방탄소년단처럼 여러 멤버가 모여서 하나의 팀을 이룬 거지.

그런데 왜 이렇게 많은 나라들이 뭉쳤을까? 그 이유를 알려면 시간을 훨씬 앞으로 돌려야 해. 제2차 세계대전이 끝난 후, 유럽은 완전히 망가져 있었어. 수많은 사람들이 죽고, 도시들은 폐허가 됐지. 이때 유럽 사람들은 생각했어. "이렇게 서로 싸우다가는 우리 모두 망하겠다. 차라리 힘을 합치는 게 어떨까?" 그렇게 EU의 씨앗이 뿌려졌다고 해. 처음에는 6개국만 모였어. 독일, 프랑스, 이탈리아, 네덜란드, 벨기에, 룩셈부르크였지. 이 나라들이 '유럽석탄철강공동체'라는 걸 만들었어. 석탄과 철강

을 함께 관리하면 서로 전쟁하기 어려울 거라고 생각한 거지. 그런데 이게 의외로 잘됐어! 나라들이 서로 협력하니까 경제도 좋아지고, 평화도 유지됐거든. 그래서 점점 더 많은 나라들이 이 모임에 관심을 갖기 시작했어. 그러다 1993년, 드디어 'EU'라는 이름이 탄생했어. 그리고 점점 더 많은 나라들이 가입했지. 지금은 28개국이나 되는 거대한 연합이 됐어.

EU의 가장 큰 특징은 '하나의 시장'이야. EU 회원국들끼리는 자유롭게 물건을 사고팔 수 있어. 또 다른 특징은 '유로'라는 공동 화폐야. EU 회원국 중에서 19개국이 유로를 쓰고 있어. 이 나라들 사이에서는 환전 없이도 쇼핑할 수 있지. EU 국가들 사이에서는 여권 없이도 자유롭게 여행할 수 있어. 이는 '솅겐 협정'으로 이루어졌어. EU는 노벨 평화상도 받았어. 오랫동안 전쟁으로 얼룩졌던 유럽 대륙에 평화를 가져왔다는 이유에서지. 대단하지 않니?

하지만 EU가 항상 순탄했던 건 아니야. 2008년 세계 금융 위기 때는 큰 어려움을 겪었어. 특히 그리스 같은 나라들이 경제적으로 많이 힘들었지. 또, 2016년에는 영국이 EU를 탈퇴하기로 결정했어. 이걸 '브렉시트Brexit'라고 부르는데, EU 역사상 처음으로 회원국이 탈퇴한 거야.

EU의 재미있는 규칙

그럼에도 EU는 여전히 강해. 세계에서 가장 큰 경제 블록이고, 국제사회에서 내는 목소리도 크지. EU의 본부는 벨기에 브뤼셀에 있어. 이곳에서 EU의 중요한 결정들이 이루어지고 있지. EU에는 재미있는 규칙들도 많아. 예를 들어 EU에서는 바나나의 굽은 정도까지 규정하고 있대. 너무 휘어진 바나나는 팔 수 없다지 뭐야. EU 국가들은 함께 우주 개발도 하고 있어. 유럽우주국ESA에서 화성 탐사도 하고, 인공위성도 쏘아 올리고 있지. EU는 환경 보호에도 앞장서고 있어. 2050년까지 탄소 배출량을 0으로 만들겠다는 목표를 세웠대. EU의 공식 모토는 '다양성 속의 통일'이야. 서로 다른 문화와 언어를 가진 나라들이 하나로 뭉쳤다는 뜻이지. EU에는 공식 언어가 24개나 돼. 회의할 때 통역사들이 정말 바쁘겠지? 하지만 실제로는 영어, 프랑스어, 독일어를 주로 사용한대.

EU는 교육 교류도 활발해. '에라스무스 프로그램'을 통해 매년 수많은 학생들이 다른 EU 국가로 유학을 가고 있거든. EU는 음식 문화도 다양해. 이탈리아 피자, 독일 소시지, 프랑스 치즈, 스페인 빠에야 등 맛있는 음식들이 가득하지. EU는 축구의 천국이기도 해. 유럽 챔피언스리그는 세계에서 가장 수준 높은 축구 대회로 꼽히고 있어. 음바페나 비니시우스 같은 슈퍼스타들이 모두 EU 리그에서 뛰고 있어. EU는 K-pop의 중요한 시장이기도 해. BTS, 블랙핑크 같은 한국 아이돌들이 EU에서 큰 인기를 얻고 있거든. EU의 미래는 어떨까? 점점 더 많은 나라들이 EU에 가입하고 싶어 하고 있어. 하지만 그만큼 해결해야 할 문제들도 많아지고 있지.

EU는 서로 다른 나라들이 하나로 뭉칠 수 있다는 걸 보여 주는 좋은 사례라고 할 수 있어. EU는 우리에게 많은 걸 가르쳐 줘. 협력의 힘, 다양성의 가치, 평화의 중요성 등을 배울 수 있지. 너희도 EU처럼 '다양성 속의 통일'을 실천해 볼 수 있어. 학교에서 다른 친구들과 협력하고, 서로의 차이를 인정하면서 하나의 팀을 이루는 거지. EU의 모험은 아직 끝나지 않았어. 앞으로 EU가 어떤 모습으로 변할지, 함께 지켜보는 게 어때?

1. 다음 중 EU와 관련 있는 것 중에 틀린 것은 무엇일까?

① 유럽석탄철강공동체에서 시작되었다.
② 회원국들끼리는 자유롭게 물건을 사고팔 수 있다.
③ 소크라테스 프로그램을 통해 다른 나라로 유학을 갈 수 있다.
④ 공식 모토는 '다양성 속의 통일'이다.

2. EU의 공동 화폐 단위는 뭘까?

----

3. EU가 회원국들에게 주는 경제적 이점이 무엇인지 적어 보자.

----

4. 다음 그림은 EU의 상징인 유럽 연합 깃발이야. 빈칸에 알맞은 숫자를 써 보자.

깃발에는 파란색 바탕에 _____개의 별이
원 모양으로 배열되어 있습니다.

 더 알고 싶어 119   📖 도서 ▷ 영상 🔍 사이트

🔍 **오늘날 유럽연합, 어떻게 탄생했나? (YTN, 조수현)**
유럽연합, 줄여서 EU가 그냥 생긴 건 아니야. 전쟁을 겪은 나라들이 다시는 싸우지 않기 위해 경제부터 묶기 시작했대. 작은 협력이 쌓여서 지금의 거대한 연합이 된 거지.

▷ **EU, 트럼프 철강 상호관세 위협 '맞대응' 경고 (SBS 뉴스)**
미국이 관세를 올리자 EU도 가만있지 않았대. 서로 관세를 주고받는 '무역 전쟁'이 벌어진 거지. 세계 경제가 얼마나 복잡하게 얽혀 있는지 느껴지지?

나라마다 화폐 단위가 달라

세계 돈의 비밀 파티: 달러부터 비트코인까지 화폐들의 수다

전 세계 돈들이 한자리에 모여 파티를 한다면 어떤 모습일까?
미국 달러가 DJ를 맡고, 유로가 칵테일을 만들고, 일본 엔화가 스시를 접시에 담고 있지.
우리나라 원화도 그 사이에서 신나게 춤추고 있어! 이 특별한 '돈 파티'에 초대할게.
세계 각국의 다양한 화폐들의 비밀스러운 이야기 속으로 함께 빠져 볼까?

학습 키워드 #국제기축통화 #유로화 #가상화폐 #화폐디자인 #인플레이션 #위조방지기술
#현금없는사회 #화폐수집 #환율 #문화적상징

교과 연계 중1 > 사회 > 생활 속에서 볼 수 있는 다양한 시장의 사례를 조사하고 시장이 우리 생활에 왜
필요한지 이해한다.

세계의 다양한 화폐

화폐들은 각자 다른 옷을 입고 있어. 어떤 건 동그랗고, 어떤 건 네
모나고, 색깔도 제각각이지. 이게 바로 세계 각국의 다양한 화폐 단위야!

먼저 미국 달러를 만나 볼까? 녹색 옷을 입은 이 친구는 전 세계에
서 가장 유명한 화폐야. 국제적으로 거래할 때 기준이 되는 화폐지. 1달
러짜리부터 100달러짜리까지 있는데, 100달러짜리에는 벤자민 프랭클
린의 얼굴이 그려져 있어. 유로는 유럽연합EU 국가들이 함께 쓰는 화폐
야. 유로화 지폐에는 재미있게도 실제 건물이 아닌 가상의 건축물이 그
려져 있대. 왜 그럴까? 어떤 국가의 건물을 그리면 다른 나라들이 서운
해할까 봐 그랬대. 일본 엔화는 동그란 동전이 특징이야. 5엔 동전은 구
멍이 뚫려 있어서 마치 도넛 같아. 일본 사람들은 이 5엔 동전을 행운의

상징으로 여긴대. 중국의 위안화에는 마오쩌둥의 얼굴이 그려져 있어. 중국은 요즘 디지털 위안화를 개발 중이래. 종이 화폐 대신 스마트폰으로만 거래할 수 있는 화폐를 만들고 있는 거야. 영국 파운드 지폐에는 엘리자베스 여왕의 얼굴이 그려져 있지. 근데 여왕님이 돌아가시면 지폐의 얼굴도 바뀐대. 우리나라 원화도 있네! 천 원짜리에는 누구 얼굴이 그려져 있는지 아니? 바로 퇴계 이황 선생님이야. 5만 원권에는 신사임당 선생님이 계시지.

인도의 루피화도 보여. 인도에서는 지폐를 만질 때 지폐에 그려진 간디의 얼굴을 손가락으로 문지르면 안 된대. 존경하는 의미 때문이라나. 스위스 프랑은 스위스가 중립국이라 전쟁이 나도 안전하대. 그래서 많은 부자들이 스위스 은행에 돈을 맡긴다고 해. 러시아의 루블, 브라질의 헤알, 멕시코의 페소 등 정말 다양한 화폐들이 모였어. 각 나라마다 화폐 단위가 다른 이유는 뭘까? 그 나라의 역사와 문화가 반영된 거래.

화폐에 얽힌 재미있는 이야기

세계에서 가장 비싼 화폐는 쿠웨이트 디나르야. 1쿠웨이트 디나르가 우리나라 돈으로 약 4천 원 정도 된대. 반대로 가장 가치가 낮은 화폐는 이란 리알이야. 1원이 이란 리알로 약 50리알 정도래. 이란에 가면 백만장자가 될 수 있겠네.

어떤 나라들은 다른 나라 화폐를 쓰기도 해. 에콰도르는 미국 달러를 쓰고 있어. 이걸 '달러화'라고 하지. 비트코인, 이더리움 같은 가상화폐들은 인터넷에서만 존재하는 디지털 화폐야. 요즘 엄청 핫하대!

화폐는 대부분 종이나 금속으로 만들지만, 특이한 것들도 있어. 스웨덴의 플라스틱 지폐, 카보베르데의 폴리머 지폐 등이 있지. 어떤 나라는 아예 현금을 없애려고 해. 스웨덴이 대표적이야. 스웨덴 사람들은 거의 모든 걸 카드나 스마트폰으로 결제한대.

화폐 단위의 이름도 재미있어. 태국의 '바트', 베트남의 '동' 등 독특한 이름이 많지. 우리나라 화폐 단위인 '원'은 '둥글다'는 뜻이야. 화폐에 얽힌 미신도 있어. 일본에서는 지갑에 천 엔짜리를 꼭 넣어서 갖고 다닌대. 그래야 돈이 모인다고 믿는 거지.

어떤 나라는 화폐 디자인 공모전을 열기도 해. 노르웨이에서는 국민들이 직접 지폐 디자인에 참여했대. 멋지지 않니? 우리나라도 화폐 디자인이 바뀔 예정이야. 어떤 모습일지 기대되지 않니?

유로 지폐에는 'euro'라고 쓰여 있지만, 동전에는 나라마다 다른 그림이 새겨져 있어서 어느 나라 동전인지 구별할 수 있대.

짐바브웨는 돈을 너무 많이 찍어서 화폐 가치가 엄청 떨어졌어. 100조 달러짜리 지폐도 있었다니 너무 웃기지 않니? 가짜 화폐가 유통되는 걸 막기 위해 여러 나라에서는 정말 다양한 방법을 쓰고 있어. 특수 잉크, 홀로그램, 숨겨진 그림 등 첨단 기술을 동원하지. 어떤 나라는 동전을 아예 안 쓴대. 스웨덴에서는 1크로나, 2크로나 동전을 더 이상 사용하지 않아. 화폐 크기도 나라마다 다르지. 유로화는 금액이 커질수록 지폐 크기도 커진대. 시각장애인들을 위해서라나?

화폐는 단순한 돈이 아니라 그 나라의 역사와 문화를 담고 있는 작은 예술 작품 같아. 다음에 외국에 가거나 외국 돈을 보게 되면, 여기서 배운 걸 떠올려 봐. 그 돈에 어떤 이야기가 숨어 있는지 상상해 보는 것도 재밌을 거야.

1. 다음 중 세계의 화폐와 관련된 이야기 중 틀린 것은 무엇일까?

　① 유로화에는 가상의 건축물이 그려져 있다.

　② 영국의 파운드화는 왕이 바뀌면 지폐의 얼굴도 바뀐다.

　③ 인도 지폐에 그려진 간디의 얼굴을 만지면 부자가 된다는 미신이 있다.

　④ 세계에서 가장 비싼 화폐는 쿠웨이트의 디나르다.

2. 국제 금융 시장에서 가장 많이 사용되는 화폐는 어떤 걸까?

　--

3. 다양한 국가의 화폐 단위를 조사하고 환율 변동이 국제 무역에 미치는 영향을 조사
　해서 적어 보자.

　--
　--
　--
　--
　--

4. 다음 괄호 안에 알맞은 화폐 단위를 써 보자.

　세계에서 가장 가치가 낮은 화폐는 이란 _____이다.
　1원은 약 50_____과 같다.

 더 알고 싶어 119　　　📖도서　▷영상　🔍사이트

🔍 **세계 화폐/통화 기호 및 코드, 단위 살펴보기… 그 의미는? (BTCC)**
달러, 엔, 유로 같은 통화 기호가 왜 그렇게 쓰이는지 궁금한 적 있지? 각 나라의 역
사와 문화, 그리고 경제적 배경이 담겨 있대. 단순한 기호 같지만, 세계 경제를 연결
하는 언어라고 할 수 있어.

▷ **비트코인을 화폐로 쓰는 엘살바도르 (KBS 세계는지금)**
엘살바도르는 세계 최초로 비트코인을 법정화폐로 쓴 나라야. 혁신적 시도이긴 하
지만, 물가 불안과 기술 격차 같은 문제도 함께 생겼대. 새로운 돈의 실험이 어디로
향할지 지켜보는 것도 흥미롭지?

영국은 EU를 탈퇴했어

브렉시트: 유럽의 슈퍼 그룹에서 솔로 데뷔한 영국의 대모험

세계 최고의 아이돌 그룹에서 갑자기 한 멤버가 탈퇴한다고 상상해 봐.
팬들은 충격에 빠지고, 다른 멤버들은 당황하고, 연예계는 발칵 뒤집히겠지?
2016년 유럽에서 정말로 이런 일이 일어났어. 바로 영국이 EU을 탈퇴한 거야.
이 사건을 '브렉시트Brexit'라고 해. 영국의 대담한 솔로 데뷔, 그 이야기 속으로 들어가 볼까?

학습 키워드 #브렉시트 #EU #유럽연합 #국민투표 #이민자문제 #북아일랜드국경
교과 연계 중2 > 사회 > 세계 여러 지역의 자원과 산업 분포를 조사하고、 나라 간 분업과 무역이 이루어지는 이유를 이해하며, 이러한 교류가 각 나라의 경제와 생활에 미치는 영향을 탐구한다.

브렉시트가 일어난 이유

EU는 유럽의 28개 나라들이 모여 만든 하나의 큰 연합체야. 마치 방탄소년단처럼 여러 멤버가 모여 하나의 팀을 이룬 거지. EU 회원국들은 서로 자유롭게 여행도 하고 물건도 사고팔 수 있어.

영국은 EU가 생기기 전에 있었던 '유럽경제공동체EEC'에 1973년 가입했어. 그때부터 영국은 EU의 중요한 멤버였지. 그런데 2016년 6월 23일, 영국에서 열린 EU 탈퇴 여부를 묻는 국민투표에서 놀랍게도 51.9%의 영국 국민들이 EU 탈퇴에 찬성했어. 그렇게 브렉시트가 일어난 거야. 왜 영국 사람들은 EU를 떠나고 싶어 했을까?

첫째, 이민자 문제 때문이야. EU 회원국 사람들은 다른 EU 국가로 자유롭게 이주할 수 있어. 그래서 많은 EU 국가 사람들이 영국으로 왔

다고 해. 어떤 영국 사람들은 이민자 때문에 일자리를 빼앗기고 있다고 생각했어.

둘째, EU에 내는 분담금이 컸어. 영국은 EU에 매년 많은 돈을 내야 했어. 어떤 영국 사람들은 이 돈을 차라리 영국 내에서 쓰는 게 낫다고 생각했지.

셋째, 주권 문제도 있었어. EU는 회원국들에게 여러 가지 규칙을 정해 주는데, 어떤 영국 사람들은 이런 규칙이 영국만의 성격을 해친다고 생각했대.

브렉시트가 결정된 이후 영국과 EU는 어떻게 헤어질지 협상을 시작했어. 협상 과정에서 가장 큰 문제는 '북아일랜드 국경' 문제였지. 북아일랜드는 영국의 일부지만, 바로 옆에 EU 회원국인 아일랜드가 있었거든. EU를 탈퇴하면 이 두 나라 사이에 국경 검문소를 세워야 할지도 모른다는 걱정이 생긴 거지.

브렉시트 이후 일어난 변화

브렉시트로 인해 영국 정치권은 큰 혼란에 빠졌어. 국민투표 직후에 데이비드 캐머런 총리가 사임했고, 그 뒤를 이은 테레사 메이 총리도 브렉시트 협상에 실패하면서 물러났어. 결국 보리스 존슨이 새 총리가 되어 브렉시트를 마무리 지었지.

드디어 2020년 1월 31일, 영국은 공식적으로 EU를 탈퇴했어. 하지만 이걸로 끝이 아니었어. 2020년 12월 31일까지는 '전환 기간'이었거든. 이 기간 동안 영국과 EU는 앞으로의 관계를 어떻게 할지 협상했어.

브렉시트 이후 영국 사람들의 생활은 어떻게 변했을까? EU 국가로 여행 갈 때 이제는 비자가 필요해졌어. 영국에서 공부하는 EU 학생들은 더 비싼 등록금을 내야 했고 말이야. 일부 기업들은 EU와의 무역이 어려워져서 영국을 떠나기도 했어. 하지만 좋은 점도 있었지. 영국은 이제 EU의 규칙에 따르지 않고 자유롭게 다른 나라들과 무역 협정을 맺을 수 있게 됐거든. 실제로 일본, 호주 등과 새로운 무역 협정을 체결했지.

그런데 브렉시트 이후에 영국의 여권 색깔이 바뀌었대. EU 회원국일 때는 붉은색이었는데, 이제는 파란색으로 바뀐 거지. 작은 변화 같지만 영국 사람들에게는 의미가 큰 변화야. 브렉시트로 인해 스코틀랜드의 독립 움직임도 다시 불거졌어. 스코틀랜드 사람들은 EU에 남고 싶어 했거든. 앞으로 스코틀랜드가 영국에서 독립할지도 모른다는 얘기가 나오고 있어.

브렉시트는 전 세계에도 큰 영향을 미쳤어. 다른 나라들도 EU 탈퇴를 고민하게 만들었고, 국제 정세에도 변화를 가져왔지.우리나라에도 영향이 있었어. 영국과 EU 모두 우리나라와 무역을 많이 하는 나라들이거든. 정부와 기업에서는 브렉시트 이후의 변화에 어떻게 대응할지 계속 연구하고 있다고 해. 브렉시트는 여전히 진행 중인 이야기야. 영국과 EU의 관계는 계속 변하고 있고, 그 영향도 계속 나타나고 있지.

복잡한 브렉시트 이야기, 어땠어? 한 나라가 큰 결정을 내리면 얼마나 많은 일들이 일어나는지 알 수 있었지? 이런 게 바로 세계경제와 정치의 모습이야. 브렉시트를 보면서 우리가 배울 수 있는 점도 있어. 중요한 결정을 해야 할 때는 장단점을 잘 따져 봐야 한다는 거지. 그리고 한 번 결정하면 그에 따른 책임도 져야 해. 앞으로 영국이 어떻게 될지, EU는 어떻게 변할지 함께 지켜보기로 하자.

1. 다음 중 영국이 EU를 탈퇴하고 싶었던 이유와 관련 없는 것은 무엇일까?

　① 수많은 이민자 때문에 일자리를 빼앗기고 있다.

　② EU에 내야 할 분담금이 크다.

　③ 북아일랜드 국경 문제가 일어났다.

　④ EU 회원국 규칙이 영국의 성격을 해치고 있다.

2. 영국의 EU 탈퇴를 가리키는 용어는 무엇일까?

----

3. 영국의 EU 탈퇴가 영국과 EU 경제에 미치는 영향에 대한 생각을 적어 보자.

----

4. 다음 문장이 사실이면 O, 아니면 X를 표시하자.

　(1) 2016년 국민투표에서 영국 유권자 과반이 EU 잔류에 찬성했다. (　　　)

　(2) 북아일랜드–아일랜드 국경 문제는 브렉시트 협상의 핵심 쟁점이었다. (　　　)

　(3) 브렉시트 이후 영국 여권 색은 파란색으로 바뀌었다. (　　　)

더 알고 싶어 119

📖 도서　▶ 영상　🔍 사이트

🔍 **골드만, 英 경제 브렉시트로 GDP 5%↓…인플레 심화 (연합인포맥스, 운영숙)**
브렉시트 이후 영국 경제가 흔들리고 있다. 무역 장벽이 다시 생기면서 물가가 오르고, 성장률도 떨어질 거란 전망이 나왔어. 독립의 대가가 생각보다 크다는 말이 괜히 나온 게 아니겠지.

▶ **영국 GDP, 200조 증발 우려…브렉시트 3개월 연장 요청 (한국경제TV)**
EU 탈퇴가 늦춰지면서 불확실성이 커지고 있대. 기업들이 투자를 미루고 시장이 불안해지면서 GDP가 크게 줄 수 있다는 우려도 나왔어. 정치적 선택이 경제에 얼마나 큰 영향을 주는지 보여 주는 사례야.

전쟁으로
세계경제 위기가 올지 몰라

나비의 날갯짓이 태풍을 일으킬 수 있다는 말 들어 봤니? 지구 반대편에서 일어난 작은 사건이 우리 생활에 큰 영향을 미칠 수 있다는 뜻이야. 몇 년 전 우크라이나에서 일어난 전쟁이 바로 그런 나비의 날갯짓이 되었어. 이 전쟁이 어떻게 전 세계경제에 태풍을 일으키고 있는지 그리고 그 태풍이 우리의 일상을 어떻게 바꾸고 있는지 함께 알아볼까?

학습 키워드 #우크라이나전쟁 #에너지가격상승 #인플레이션 #식량위기 #국제무역변화
교과 연계 중1 > 사회 > 시장에서 수요와 공급이 변하는 이유를 조사하고 가격이 달라질 때 생산자와 소비자가 어떻게 대응하는지 탐구한다.

우크라이나 전쟁으로 시작된 파장

2022년 2월 24일, 러시아가 우크라이나를 침공하면서 세계경제에 큰 파문을 일으켰어.

먼저 에너지 가격이 폭등했어. 러시아는 세계 최대의 천연가스 수출국이고 석유도 많이 수출하는데 전쟁 때문에 러시아에서 수출을 줄이자 전 세계적으로 에너지 가격이 치솟았거든. 그러자 물가도 함께 올랐어. 공장을 돌리는 데 들어가는 비용과 물건을 운반하는 데 드는 비용이 늘어났기 때문이야. 결국 우리가 사는 물건들의 가격이 줄줄이 올랐지.

식량 위기도 왔어. 우크라이나는 '유럽의 빵 바구니'라고 불릴 만큼 곡물 생산량이 많은 나라야. 그런데 전쟁 때문에 곡물 수출이 어려워졌어. 밀가루 값이 오르니까 빵 값도 올랐고, 라면 값도 올랐어. 피자 한 조

각 사 먹기도 부담스러워졌지. 전쟁은 국제 무역에도 큰 영향을 미쳤어. 러시아에 대한 경제 제재로 많은 기업들이 러시아와 거래를 중단했거든. 애플, 맥도날드, 코카콜라 같은 유명 기업들도 러시아에서 철수했지.

주식 시장도 출렁였어. 전쟁이 시작되자 전 세계 주식 시장이 폭락했지. 많은 사람들이 주식 투자로 큰 손해를 봤고 환율도 크게 변했어. 달러 가치가 크게 올랐는데, 이건 미국 달러를 '안전 자산'으로 여겼기 때문이야. 전쟁 같은 위기 상황이 오면 사람들이 달러 먼저 사려고 하거든. 이에 따라 우리나라의 원화 가치는 상대적으로 떨어져서, 외국 여행 가기가 더 부담스러워졌어.

실업 문제도 생겼어. 경제가 어려워지니까 기업들이 직원들을 줄이기 시작했거든. 특히 러시아와 관련된 사업을 하던 회사들이 큰 타격을 받았지. 취업 준비생들에게는 더 힘든 시기가 된 거야.

이런 경제 위기는 우리 일상생활에도 큰 영향을 미쳤어. 많은 가정에서 외식을 줄이고 집에서 요리를 해 먹기 시작했지. 배달 음식 대신 직접 만든 김밥을 싸 가지고 다니는 사람들도 늘었다고 해.

해외여행 대신 국내 여행을 선택하는 사람들이 많아졌어. 쇼핑 습관도 변했어. 비싼 브랜드 대신 저렴한 제품을 찾는 사람들이 늘었지. 옷이나 가방을 새로 사는 대신 중고 물건을 사는 사람들이 많아졌고 말이야. 이런 경제 위기 속에서도 잘나가는 업종들이 있어. 배달 음식점, 홈 트레이닝 용품 판매점 같은 곳은 오히려 매출이 늘었대. 위기가 누군가에겐 기회가 된 셈이지.

전쟁의 영향은 예상치 못한 곳에서도 나타났어. 반도체를 생산하기 위해 필요한 네온 가스 가격이 크게 올랐대. 우크라이나가 네온 가스의 주요 생산국이었거든. 그 결과 스마트폰이나 컴퓨터 가격도 영향을 받게 됐어. 우리나라 경제에도 큰 영향이 있었지. 수출 의존도가 높은 우리나라는 특히 자동차, 조선 같은 주요 수출 산업이 영향을 크게 받았어. 정부와 중앙은행은 이 위기에 대응하기 위해 금리를 올려서 물가 상승을 막으려고 하고 있지. 하지만 금리가 오르면 대출 이자도 올라서, 또 다른 고민거리가 생겼어.

경제 위기는 사회 문제도 일으켰어. 빈부 격차가 더 벌어지고, 청년 실업 문제도 더 심각해진 거야. 이런 문제들을 어떻게 해결할지가 큰 과제가 됐지.

위기를 기회로 만드는 계기

하지만 모든 게 나쁜 것만은 아니야. 이런 위기를 겪으면서 사람들은 에너지의 소중함을 깨닫고 있어. 재생에너지에 대한 관심도 높아지고 있지. 태양광, 풍력 같은 친환경 에너지 산업이 새로운 기회를 맞이하고 있어. 또 경제구조를 바꾸는 계기가 되고 있다고 해. 한 나라에 너무 의존하지 않고 다양한 국가들과 거래하는 '공급망 다변화'가 중요해진 거지.

이런 위기 속에서도 인공지능이나 로봇 같은 새로운 기술과 산업은 빠르게 발전하고 있어. 위기가 새로운 혁신의 기회가 되고 있는 거지.

우크라이나에서 시작된 작은 나비의 날갯짓이 어떻게 전 세계에 경제 태풍을 일으켰는지 이제 알겠지? 이게 바로 세계경제의 모습이야. 이런 위기를 겪으면서 우리가 배울 점도 있었어. 세상의 모든 일들이 서로 연결되어 있다는 걸 알게 됐지. 그리고 위기 대응능력의 중요성도 깨달았어. 앞으로 이 경제 태풍이 어떻게 변할지, 우리의 미래에 어떤 영향을 미칠지 함께 지켜보도록 하자.

1. 다음 중 러시아와 우크라이나의 전쟁으로 인해 벌어진 일이 아닌 것은 무엇일까?

① 에너지 가격이 폭등했다.

② 전 세계 주식 시장이 폭등했다.

③ 배달 음식점의 매출이 늘었다.

④ 외국 여행 가기가 부담스러워졌다.

2. 전쟁으로 인해 가격이 크게 오르는 대표적인 자원은 무엇일까?

----

3. 전쟁이 세계경제에 미치는 영향을 극복하기 위해서는 국제사회가 어떻게 노력하면
좋을지를 적어 보자.

----

4. 다음 문장이 사실이면 O, 아니면 X를 표시하자.

(1) 전쟁으로 인해 재생에너지 산업에 대한 관심이 높아졌다. (　　　)

(2) 전쟁 후 전 세계 주식 시장이 안정세를 보였다. (　　　)

(3) 우크라이나는 네온 가스 주요 생산국이다. (　　　)

 더 알고 싶어 119　　　📑 도서　▷ 영상　🔍 사이트

🔍 **우크라이나-러시아 전쟁의 장기화가 한국 경제에 미치는 영향 (라이센스뉴스, 김성수)**
전쟁이 길어질수록 우리나라 경제도 영향을 받는대. 원유와 원자재 가격이 오르고,
수출 시장이 불안정해지면서 기업들의 부담이 커지고 있지. 멀리서 일어나는 전쟁
이지만, 경제적으로는 결코 남의 일이 아니야.

▷ **우크라이나 사태 장기화될 경우 한국 경제는? 전쟁 끝나더라도 '인플레이션' 우려
심각 (MBC 뉴스)**
전쟁이 끝나도 문제가 바로 해결되진 않을 거래. 공급망이 흔들리고 물가가 계속 오
르면서 인플레이션이 장기화될 가능성이 높대. 결국 전쟁의 그늘이 우리 일상까지
이어지는 셈이야.

디지털 머니가 바꾸는
미래의 돈 이야기

마지막으로 현금을 사용한 게 언제였는지 기억나니? 요즘은 급식비를 낼 때도, 문구점에서 물건을 살 때도 대부분 카드나 스마트폰으로 결제하잖아. 심지어 용돈도 온라인으로 받는 친구들이 많아졌어. 이렇게 돈의 모습이 점점 바뀌고 있는 걸 알 수 있지. 우리가 알던 동전과 지폐가 사라지고, 디지털 머니가 새로운 돈이 되는 이야기 함께 살펴볼까?

현금이 사라지는 세상

디지털 머니는 실제로 만질 수 있는 현금이 아니라 디지털 형태로 존재하는 돈을 말해. 카드 결제, 스마트폰 결제, 계좌 이체 같은 것들이 모두 디지털 머니를 사용하는 방식이지. 특히 요즘 많이 사용하는 토스나 카카오페이 같은 간편 결제 서비스도 디지털 머니의 한 종류야. 너희들의 부모님 세대는 현금을 들고 다니셨지만, 우리는 스마트폰 하나로 모든 걸 해결할 수 있게 됐어.

디지털 머니는 우리 생활을 정말 편리하게 만들어 주고 있어. 친구들과 치킨을 시켜 먹을 때도 돈을 나눠 내기 쉽고, 부모님께 용돈을 받을 때도 즉시 입금이 되니까 너무 편리하잖아. 멀리 사는 할머니께 세뱃돈을 받을 때도 이제는 계좌 이체로 간단하게 받을 수 있어.

더 신기한 건 앞으로 생길 새로운 형태의 돈이야. 예를 들어 CBDC(중앙은행 디지털 화폐)라는 게 있어. 이건 한국은행이 만드는 디지털 버전의 원화인데, 마치 게임 포인트처럼 디지털 공간에서 사용할 수 있는 공식 화폐라고 해. 우리나라도 곧 이런 디지털 화폐를 사용하게 될 거야.

요즘 뜨거운 관심을 받고 있는 가상화폐도 있어. 비트코인이나 이더리움 같은 가상화폐는 컴퓨터 프로그램으로 만들어진 새로운 형태의 돈이야. 전 세계 어디서나 사용할 수 있는데, 은행을 거치지 않고 직접 주고받을 수 있다는 게 특징이지. 마치 인터넷에서 파일을 주고받는 것처럼 돈을 보낼 수 있는 거야.
디지털 머니의 발전은 우리의 미래도 크게 바꿀 거야. 예를 들어 스마트 계약이라는 기술은 "엄마가 시험에서 100점 맞으면 용돈 10만 원을 자동으로 보내 주기"처럼 특정 조건이 맞으면 자동으

로 돈이 이체되는 시스템이야. 숙제를 제시간에 끝내면 자동으로 보상받을 수 있는 거지.
쇼핑도 완전히 달라질 거야. 지금은 물건을 산 다음에 따로 결제해야 하지만, 미래에는 마트에서 물건을 들고 나가기만 해도 자동으로 결제가 될 거야. 아마존 고 같은 무인 마트가 이미 이런 시스템을 시작했지. 나중에 냉장고가 똑똑해지면 우유가 떨어졌을 때 자동으로 주문하고 결제까지 해 줄지도 몰라.
게임 속 아이템을 사고파는 것도 더 쉬워질 거야. 너희가 좋아하는 게임에서 얻은 아이템이나 게임 머니를 현실의 돈처럼 사용할 수 있게 될 수도 있어. 실제로 일부 게임에서는 이미 이런 일이 일어나고 있대.

디지털 머니를 사용할 때 조심해야 할 것

이처럼 디지털 머니는 참 편리하지만 사용하면서 조심해야 할 것들이 있어. 디지털 머니는 눈에 보이지 않기 때문에 사용한 돈의 양을 실감하기가 어려워. 해커들의 공격이나 금융 사기를 당할 위험도 있지. 그래서 디지털 머니를 안전하게 사용하는 방법을 배우는 게 중요해.
미래에는 금융 전문가의 의미도 달라질 거야. 이제는 단순히 돈을 관리하는 것을 넘어 디지털 기술을 이해하고 새로운 금융 서비스를 만들어 내는 사람들이 필요해질 테니까 말이야. 너희 중에도 미래의 디지털 금융을 이끌어 갈 전문가가 나올 수 있겠지?
우리가 알던 돈의 모습이 바뀌고 있지만 변하지 않는 것도 있어. 바로 돈의 가치와 그것을 현명하게 사용하는 방법을 아는 것이 중요하다는 사실이야.

5부

지구를 지키는 착한 경제, 우리가 함께 만드는 미래

뷔페를 가는 사람들 VS
식량이 없어서 굶는 사람들

먹방 vs 굶방: 세계의 식탁 두 가지 이야기

한쪽에는 뷔페에서 음식을 고르느라 고민하는 사람들이 있고, 다른 쪽에는 오늘 먹을 한 끼
식사를 걱정하는 사람들이 있어. 이게 바로 우리가 사는 세상의 모습이야.
맛있는 음식으로 가득한 뷔페와 텅 빈 식탁, 이 극과 극의 모습이 생긴 이유는 무엇 때문일까?

학습 키워드 #식량불균형 #음식낭비 #세계기아문제 #지속가능한농업 #식량자급률 #푸드뱅크
교과 연계 중3 > 사회 > 정부, 기업, 노동자, 시민이 경제적 선택을 할 때 사회 전체의 이익과
지속 가능한 발전을 고려하는 방안을 모색한다.

엄청나게 먹거나 엄청나게 굶주리는 사람들

우리가 살고 있는 이 세상에는 두 가지 매우 다른 식탁이 있어. 하나
는 먹고 싶은 음식을 마음껏 고를 수 있는 풍성한 뷔페, 다른 하나는 먹
을 것이 없어 텅 비어 있는 식탁이야. 이 두 가지 모습이 어떻게 같은 지
구 안에 존재하는 걸까?

먼저 뷔페에 가는 사람들의 이야기를 들어 볼까? 뷔페에는 피자, 스
테이크, 초밥, 파스타… 세계 각국의 요리가 한자리에 모여 있지. 뷔페에
가면 가장 큰 고민은 '무엇을 먹을까?'야. 먹고 싶은 게 너무 많아서 오히
려 스트레스 받는 사람도 있대. 뷔페에서 음식 먹는 방법도 다양해. 접시
에 음식을 산처럼 쌓아 올려 놓고 먹는 사람, 디저트만 골라 먹는 사람,
가장 비싼 음식만 찾아 먹는 사람 등 다양한 '뷔페 스타일'이 있지. 너희

는 어떤 스타일이야?

하지만 뷔페에도 문제가 있어. 바로 음식 낭비야. 많은 사람들이 눈으로 먹다 보니 실제로 먹을 수 있는 양보다 더 많이 가져가게 되거든. 결국 많은 음식이 버려지게 돼. 이건 정말 안타까운 일이야.

이제 반대편 이야기를 들어 볼까? 세계식량계획**WFP**에 따르면 전 세계적으로 약 8억 2천만 명이 충분한 음식을 먹지 못하고 있다. 이 숫자가 얼마나 많냐면, 우리나라 인구의 16배나 되는 사람들이야!

굶주림의 원인은 다양해. 가난, 전쟁, 자연재해 등이 주요 원인이지. 특히 아프리카의 일부 국가들은 심각한 식량 부족에 시달리고 있어. 매일 한 끼 식사를 하는 것이 소원인 아이들도 많대. 그래서 어떤 나라에서는 학교에서 급식을 제공하고 있어. 이 한 끼 식사를 먹으려고 학교에 오는 아이들도 있대. 식량 부족 문제를 해결하기 위해 과학자들은 새로운 음식을 개발하고 있어. 단백질이 풍부한 '식용 곤충' 같은 것들이지. 귀뚜라미 과자, 번데기 스낵 등이 미래의 간식이 될지도 몰라!

이 두 가지 극단적인 상황 사이에 다양한 모습의 식탁들이 있어. 어떤 나라는 전통적인 가정식을 중요하게 여기고, 또 어떤 나라는 패스트푸드를 즐겨 먹지. 각 나라의 음식 문화는 그 나라의 역사와 환경을 반영하고 있어.

음식 문제를 해결하려는 다양한 노력

한편 음식물 쓰레기 문제도 심각해지고 있어. 전 세계에서 생산되는 음식의 3분의 1이 버려진다고 해. 이 음식들이 굶주리는 사람들에게 갈 수 있다면 얼마나 좋을까? 다행히 이런 문제를 해결하려고 노력하는 사람들도 있어. 푸드뱅크는 남는 음식을 모아 필요한 사람들에게 나눠 주는 활동을 하고 있어. 또 유통기한이 얼마 남지 않은 식품을 싸게 파는 가게들도 생기고 있지.

세계 각국 정부와 국제기구들도 식량 문제를 해결하려고 노력하고 있어. 먹을 것을 더 많이 생산할 수 있도록 새로운 농업 기술을 개발하고, 식량을 지원하고, 지속 가능한 식량 생산 방법을 연구하고 있지. 우리나라도 식량 자급률이 낮아서 많은 식재료를 수입하고 있어. 만약 세계적인 식량 위기가 온다면 우리나라도 영향을 받을 수밖에 없을 거야.

그렇다면 이런 문제를 해결하기 위해 우리가 할 수 있는 일은 뭘까? 먼저 음식을 소중히 여기는 마음을 가져야 해. 필요한 만큼만 사고, 먹을 수 있는 만큼만 가져가는 습관을 들이는 거지. 또 다른 나라의 식량 문제에 관심을 가지는 것도 필요해. 기부나 봉사 활동에 참여할 수도 있지. 건강한 식습관을 기르는 것도 좋아. 균형 잡힌 식사를 하고, 과식을 피한다면 건강에도 좋고 음식 낭비도 줄일 수 있어. 지역 농산물을 이용하는 것도 도움이 될 거야. 이렇게 하면 운송 과정에서 발생하는 환경 오염도 줄이고, 지역 농업도 살릴 수 있어.

한쪽에서는 음식이 남아돌고, 다른 한쪽에서는 굶주림에 시달리는 불균형한 세상, 이게 바로 우리가 살고 있는 현실이야. 하지만 우리 모두 조금씩 노력한다면 더 나은 세상을 만들 수 있을 거야. 음식을 소중히 여기고, 나눔을 실천하고, 지구 환경을 생각하는 식습관을 가진다면 말이야. 다음에 뷔페에 가거나 식사를 할 때, 여기서 배운 걸 떠올려 봐. 우리의 작은 실천이 누군가의 식탁을 채울 수 있다는 걸 기억하면서 말이야.

1. 다음 중 식량 문제로 인해 벌어진 일이 아닌 것은 무엇일까?

　① 음식물 쓰레기가 늘어난다.　　　　② 많은 식재료를 수입한다.

　③ 유통기한이 지난 식품을 먹는다.　　④ 과식을 피할 수 있어 건강에 좋다.

2. 전 세계적인 식량 부족 문제 해결을 위해 노력하는 UN 산하 기구의 이름은 무엇일까?

　_____

　_____

3. 세계의 식량 불균형 문제의 원인을 찾아보고 이를 해결하기 위해 우리가 할 수 있는
　방법에 대해 적어 보자.

　_____

　_____

　_____

4. 다음 글을 읽고 빈칸에 들어갈 알맞은 말을 골라 보자.

> 식탁에 음식이 가득해도
> _____ 사람들도 많아요.
> 문제를 해결하려면 함께 노력해야 해요.

　① 배부른　　　　② 굶주린　　　　③ 행복한　　　　④ 건강한

👍 더 알고 싶어 119　　　📖 도서　▶ 영상　🔍 사이트

🔍 **세계의 식량 불균형, 무엇이 문제인가** (농민신문)
세계적으로 먹을거리는 충분한데, 정작 굶주리는 사람은 여전히 많대. 부유한 나라의 과잉 소비와 가난한 나라의 식량 부족이 공존하는 현실이 문제야. 식량을 만드는 능력보다 나누는 방식이 더 중요하다는 걸 보여 주지.

🔍 **세계 식량 위기 보고서: 59개국에서 심각한 식량 위기가 지속적으로 높은 수준을 유지하고 있으며, 다섯 명 중 한 명은 긴급한 조치가 필요한 것으로 나타나** (유엔세계식량계획(WFP)) 전 세계 인구의 약 20%가 지금도 식량 위기 속에 살고 있대. 기후변화, 전쟁, 경제 불평등이 겹치면서 위기는 더 심해지고 있지. 단순한 '굶주림'이 아니라 인류 전체가 해결해야 할 구조적인 문제야.

일을 해도
가난한 나라의 속사정

열심히 일해도 비어 있는 지갑: 가난한 나라들의 슬픈 월급날 이야기

매일 아침 일찍 일어나 열심히 일하고, 늦은 밤에 지쳐 돌아와 잠드는 생활.
그런데 월급날이 와도 지갑은 여전히 텅 비어 있다면 어떨까?
이게 바로 일부 가난한 나라 사람들의 현실이야.

학습 키워드	#개발도상국 #저임금노동 #불안정한고용 #불공정무역
교과 연계	중3 > 사회 > 국제 무역이 환경과 사회에 미치는 영향을 분석하고 공정 무역과 지속 가능한 교류를 실천할 수 있는 방안을 모색한다.

열심히 일해도 가난한 나라

우리가 살고 있는 이 세상에는 열심히 일해도 가난에서 벗어나기 힘든 나라들이 많다고 해. 이런 나라들을 보통 '개발도상국'이라고 부르지. 아프리카의 많은 나라들, 동남아시아의 일부 국가들이 여기에 속해. 왜 이런 나라들은 열심히 일해도 가난할까?

이유는 여러 가지가 있어. 먼저 낮은 임금을 이유로 들 수 있어. 방글라데시의 의류 공장 노동자들은 하루 종일 일해도 월급이 100달러(약 13만 원) 정도밖에 안 된다고 해. 방글라데시에서는 '티셔츠 한 장의 저주'라는 말이 있어. 우리가 싸게 사는 티셔츠 한 장이 그들에겐 저임금과 열악한 노동 환경의 상징이 된 거야. 불안정한 일자리도 큰 문제야. 많은 사람들이 정규직이 아닌 임시직이나 일용직으로 일하고 있어. 마치 매일 매일 아르바이트를 구하는 것과 비슷하다고 보면 돼. 높은 물가도 가난의 원인이야. 오히려 일부 생필품은 선진국보다 비싼 경우도 있어. 월급은 적은데 물건 값은 비싸니까 살기가 너무 힘든 거지. 교육 기회가 부족하다는 것도 빼놓을 수 없어. 좋은 교육을 받으면 더 나은 일자리를 구할 수 있는데, 가난한 나라에서는 그런 기회가 적어. 학교에 가는 대신 어린 나이부터 일을 해야 하는 아이들도 많지.

부패한 정부도 문제야. 어떤 가난한 나라에서는 정부 관리들이 돈을 빼돌리는 경우가 많다고 해. 국민들을 위해 써야 할 돈이 일부 권력자들의 주머니로 들어가는 거지. 불공정한 국제 거래도 가난의 원인이야. 가난한 나라들은 주로 원자재나 농산물을 수출하는데, 이런 물건들의 가격은 자주 변해. 반면 선진국에서 만든 공산품은 비싸고 가격이 잘 안 떨어지지. 이런 나라들은 부채 문제도 심각해. 많은 가난한 나라들이 선진국이나 국제기구에서 돈을 빌리고 있어. 하지만 이 돈을 갚는 게 너무 어려워서 점점 더 가난해지는 악순환에 빠지는 거지. 기술 부족도 큰 문제야. 선진국들은 첨단 기술을 발전시켜 물건을 효율적으로 만들지만, 가난한 나라들은 그런 기술이 없어서 경쟁력이 떨어지거든.

기후 변화와 자연재해도 가난한 나라들을 힘들게 해. 가난한 나라들은 홍수나 가뭄이 오면 농사를 지을 수 없어서 결국 더 가난해지는 거지. 의료 시설이 부족한 것도 심각한 문제야. 아파도 제대로 된 치료를 받지 못해. 건강이 나빠지면 일을 할 수 없어서 결국 더 가난해지는 악순환에 빠지는 거야.

이런 상황 속에서 많은 사람들이 여러 가지 일을 동시에 하고 있어. 낮에는 공장에서 일하고 밤에는 택시를 모는 식이지. 가난한 나라에서는 안타깝게도 많은 아이들이 학교에 가는 대신 일을 하고 있다고 해. 길거리에서 물건을 팔거나, 공장에서 일하거나, 쓰레기장에서 재활용품을 줍는 아이들도 있어.

가난한 나라를 돕기 위한 노력

하지만 희망은 있어. 여러 나라에서 이런 상황을 바꾸려고 노력하고 있지. 방글라데시는 의류 산업을 발전시켜 많은 일자리를 만들었어. 물론 아직 임금은 낮지만, 조금씩 나아지고 있지. 국제사회도 도움의 손길을 뻗치고 있어. 유엔UN과 같은 국제기구에서 교육 지원, 의료 지원, 기술 지원 등 다양한 방법으로 가난한 나라들을 돕고 있지. 일부 기업들도 변화를 시도하고 있어. 앞에서 '공정 무역'에 대해 이야기했었잖아. 생산자에게 정당한 대가를 지불하는 무역 방식이지. 조금 비싸더라도 이런 제품을 사는 것도 가난한 나라를 돕는 방법이 될 수 있어.

우리가 할 수 있는 일은 뭘까? 먼저 관심을 가지는 것부터 시작해야 해. 세계의 다양한 문제에 관심을 갖고 도울 수 있는 방법을 찾아보는 거야. 물건을 살 때 조금만 더 생각해 보고 가능하다면 공정 무역 제품을 선택하는 게 좋아. 기부나 봉사 활동에 참여할 수도 있어. 작은 금액이라도 정기적으로 기부하는 것이 큰 도움이 될 수도 있어. 해외 봉사 활동에 참여하는 것도 좋은 경험이 될 거야. SNS를 통해 이런 문제들을 알리는 것도 도움이 돼. 친구들에게 가난한 나라의 현실을 알리고, 함께 할 수 있는 일을 찾아보자.

너희가 미래에 리더가 된다면 이런 문제들을 해결하기 위해 적극적으로 나설 수 있을 거야. 경제학자, 외교관, 국제기구 직원 등 세계를 변화시킬 수 있는 직업은 많아. 이런 문제에 관심이 있다면 큰 꿈을 가져 보는 건 어떨까? 우리 모두가 조금씩 노력한다면 이 상황을 바꿀 수 있을 거야.

1. 다음 중 저개발국가에서 열심히 일해도 가난한 이유가 아닌 것은 무엇일까?

① 임금이 낮다.   ② 일자리가 불안정하다.

③ 기술이 부족하다.   ④ 어릴 때부터 일을 한다.

2. 저개발 국가의 경제 성장을 돕기 위해 선진국이 제공하는 금전적, 기술적 지원을 뭐라고 할까?

3. 일부 국가들이 경제 발전에 어려움을 겪는 이유와 이를 해결하기 위한 방법을 적어보자.

4. 다음 내용이 맞으면 O, 틀리면 X를 표시하자.

> 가난한 나라들이 선진국과의 무역에서 주로 수출하는 것은 값비싼 첨단 공산품이다. (　　)

 더 알고 싶어 119   📖도서 ▷영상 🔍사이트

▷ **가난한 사람, 가난한 나라에 더욱 더 가혹한 '이것'** (OBS 뉴스)
경제 위기나 물가 상승 같은 변화는 모두에게 힘들지만, 특히 가난한 이들에게 훨씬 더 큰 타격이 된다. 같은 위기라도 누가 더 버틸 수 있는지, 사회의 안전망이 얼마나 중요한지 다시 생각하게 될 거야.

착한 기업이 있어

> 슈퍼 히어로 기업들의 비밀: 돈벌이와 세상 구하기를 동시에

기업이라고 하면 뭐가 떠오르니? 돈을 벌기 위해 열심히 일하는 곳?
맞아. 하지만 요즘엔 조금 특별한 기업들이 있어. 돈도 벌면서 세상도 구하는
'슈퍼 히어로 기업들'이지! 이 기업들은 어떻게 돈도 벌고 착한 일도 할 수 있는 걸까?
함께 이 신기한 기업들의 비밀을 파헤쳐 볼까?

학습 키워드 #사회적책임 #환경보호 #공정무역 #기부활동 #지속가능성 #윤리적소비
교과 연계 중2 > 사회 > 일과 직업의 의미를 살펴보고 노동자와 기업이 서로 협력하며
사회와 경제 발전에 기여하는 방법을 탐구한다.

착한 기업 이야기

'착한 기업'이라는 말, 들어 본 적 있니? 이런 기업들은 단순히 돈
을 버는 것 말고도 사회와 환경에 도움이 되는 일을 하려고 노력하고 있
어. 어떤 기업들이 있는지 그리고 어떤 착한 일들을 하고 있는지 함께
알아볼까?

먼저 환경을 생각하는 기업들이 있어. 파타고니아라는 회사는 옷을
만들어 파는 곳이야. 그런데 특별한 점이 있어. 헌 옷을 가져오면 새 옷으
로 바꿔 주거나 고쳐 주는 서비스를 해. 왜 그럴까? 옷을 오래 입으면 새
옷을 덜 만들어도 되니까 환경에 좋겠지? 파타고니아는 "우리 옷을 사지
마세요."라는 광고를 낸 적도 있대. 정말 이상하지? 이건 "꼭 필요할 때
만 사세요."라는 뜻이래. 환경을 생각한다면 물건을 적게 사는 게 좋다는

걸 알려 주려고 이런 광고를 낸 거야. 멋진 생각 같지 않니?

공정 무역을 실천하는 기업들도 있어. 공정 무역이 뭔지 앞에서 얘기했었지? 가난한 나라의 농부들에게 정당한 대가를 주고 물건을 사는 거잖아. 벤앤제리스라는 아이스크림 회사는 아이스크림에 들어가는 재료를 공정 무역으로 구매하고 있어. 덕분에 가난한 나라의 농부들이 더 나은 삶을 살 수 있게 됐지.

사회 문제를 해결하려는 기업들도 있어. 톰스TOMS라는 신발 회사는 신발 한 켤레가 팔릴 때마다 가난한 나라 아이들에게 신발을 한 켤레씩 기부하고 있어. 덕분에 많은 아이들이 맨발로 다니지 않게 됐다고 해. 장애인을 돕는 기업들도 있어. 더바디샵이라는 화장품 회사는 장애인들이 만든 제품을 구매해서 자신들의 제품에 사용하고 있어. 이런 방식으로 장애인들에게 일자리를 제공하는 거지. 동물을 보호하는 기업들도 있어. 러쉬Lush라는 회사는 화장품을 만들 때 동물실험을 절대 하지 않아. 또 포장을 최소화해서 환경 오염도 줄이려고 노력해.

러쉬에서는 샴푸를 고체로 만들어 팔아. 왜 그럴까? 액체 샴푸는 플라스틱 통에 담아야 하지만, 고체 샴푸는 종이로 포장할 수 있어서 환경을 보호하는 데 더 좋대. 건강을 생각하는 식품 기업들도 있어. 풀무원이라는 회사는 건강에 좋은 식품을 만들어. 또 학교에서 아이들에게 건강한 식습관을 가르치기도 한대. 기술로 세상을 바꾸려는 기업들도 있어. 테슬라라는 회사는 전기 자동차를 만들고 있어. 전기 자동차는 기름을 쓰지 않으니까 환경 오염을 줄일 수 있지.

착한 기업이 유지되는 비결

이런 착한 기업들은 어떻게 돈도 벌고 착한 일도 할 수 있을까? 그건 소비자들이 지지하고 응원해 주기 때문이야. 많은 사람들이 이런 기업의 제품이 조금 비싸더라도 일부러 찾아서 사 주고 있거든. 또 다른 비결은 직원들의 열정이야. 착한 기업에서 일하는 사람들은 자기가 하는 일이 세상을 좋게 만든다고 믿고 있어. 그래서 더 열심히, 창의적으로 일하게 되지. 정부의 지원도 중요해. 많은 나라들이 착한 기업들에게 세금을 적게 받는다거나, 지원금을 주는 등의 혜택을 주고 있어.

하지만 착한 기업들도 어려움은 있어. 때로는 착한 일을 하느라 비용이 더 들기도 하거든. 그래서 물건 가격이 조금 비쌀 수 있지. 또 어떤 사람들은 이런 기업들이 진짜로 착한 일을 하는 건지 의심하기도 해.

그래도 점점 더 많은 기업들이 착한 기업이 되려고 노력하고 있어. 왜 그럴까? 세상이 변하고 있기 때문이야. 요즘 사람들은 단순히 좋은 제품을 만드는 것만으로는 부족하다고 생각해. 세상에 도움이 되는 기업을 더 좋아하게 된 거지.

너희들도 착한 기업을 만들 수 있어. 먼저 주변의 문제에 관심을 가져 보는 게 좋아. 환경, 빈곤, 차별 등 우리 주변에는 해결해야 할 문제가 많아. 그중에서 너희가 해결하고 싶은 문제를 골라 보는 거야. 그다음은 창의적인 해결책을 생각해 보는 거지. 문제를 해결하면서 동시에 돈도 벌 수 있는 방법이 있을까?

마지막으로 포기하지 않는 게 중요해. 착한 일을 하는 것이 때로는 어려울 수 있을 거야. 하지만 꾸준히 노력한다면 반드시 좋은 결과로 이어질 거야. 우리 모두가 조금씩 노력한다면 세상은 더 좋은 곳이 될 거니까.

1. 다음 중 착한 기업의 활동과 관련이 없는 것은 무엇일까?

① 헌 옷을 가져오면 새 옷으로 바꿔 준다.

② 아이스크림에 최고급 재료를 사용한다.

③ 신발이 한 켤레 팔릴 때마다 가난한 나라 아이들에게 기부한다.

④ 화장품을 만들 때 동물실험을 하지 않는다.

2. 기업의 사회적 책임을 뜻하는 영어 약자는 무엇일까?

----

3. '착한 기업'의 특징을 세 가지 이상 찾아서 적어 보자.

----

4. 다음 중 착한 기업의 예시에 해당하는 것을 모두 골라 보자.

ㄱ. 테슬라 – 전기 자동차를 만들어 환경 오염을 줄인다.

ㄴ. 벤앤제리스 – 아이스크림 재료를 공정 무역으로 구매한다.

ㄷ. 파타고니아 – 옷을 오래 입을 수 있도록 수선 서비스를 제공한다.

ㄹ. 러쉬 – 화장품을 만들 때 동물실험을 실시한다.

① ㄱ, ㄴ   ② ㄱ, ㄴ, ㄷ   ③ ㄴ, ㄹ   ④ ㄱ, ㄷ, ㄹ

더 알고 싶어 119

📖 도서　▷ 영상　🔍 사이트

🔍 **기업의 사회적 책임: 기업의 지속 가능성을 강조하는 성공 사례 (MADTIMES, 전세연)**
이익만 추구하던 시대는 지났어. 환경을 지키고, 지역과 함께 성장하는 기업이 진짜 오래가는 법이지. 사회적 책임을 실천한 기업들이 어떻게 신뢰와 성공을 동시에 얻었는지 살펴보면 배울 게 많을 거야.

▷ **사회적기업 착한 밥상…지역사회 기여 (대전MBC 뉴스)**
'착한 밥상'은 단순히 밥을 파는 곳이 아니래. 지역 농산물을 활용하고, 일자리가 필요한 사람들에게 기회를 주면서 함께 사는 방식을 보여 주고 있지. 이런 실천이 진짜 사회적기업의 모습 아닐까?

착한 소비를 해

슈퍼 히어로 소비자의 비밀: 지갑으로 세상을 구하는 법

너희도 슈퍼 히어로가 될 수 있어! 어떻게? 바로 '착한 소비'를 하면 돼.
너희가 갖고 있는 지갑이 바로 슈퍼 파워야.
어떻게 우리의 소비가 세상을 바꿀 수 있는지,
그리고 어떻게 하면 멋진 슈퍼 히어로 소비자가 될 수 있는지 함께 알아볼까?

학습 키워드　#환경친화적소비 #공정무역 #동물복지

교과 연계　중2 > 사회 > 노동의 가치와 근로자의 권리를 이해하고 바람직한 근로의 태도와
고용 관계의 중요성을 탐구한다.

착한 소비를 하는 사람들

'착한 소비'라는 말 들어 본 적 있니? 이 말은 우리가 물건을 살 때 단순히 가격이나 품질만 보는 게 아니라, 그 물건이 환경과 사회에 어떤 영향을 미치는지 생각하면서 사는 걸 말해. 어떻게 하면 착한 소비를 할 수 있을지 함께 알아볼까?

먼저 환경을 생각해서 소비하는 거야. 일회용품 대신 재사용할 수 있는 물건을 사는 거지. 텀블러를 사용하면 플라스틱 컵 사용을 줄일 수 있고, 에코백을 사용하면 비닐봉지를 줄일 수 있어. 이런 습관이 생기면 지구 환경을 지키는 히어로가 될 수 있어!

우리나라 사람 한 명이 1년 동안 쓰는 비닐봉지가 무려 420개나 된 대. 이걸 쭉 늘어놓으면 축구장 4개 크기라니까! 근데 에코백 하나만

있으면 이 많은 비닐봉지를 줄일 수 있다니까 대단하지 않니?

다음으로, 공정 무역 제품을 사는 것도 착한 소비야. 공정 무역 초콜릿이나 커피를 사면 가난한 나라의 농부들에게 정당한 금액이 돌아가거든. 맛있는 간식을 먹으면서 누군가를 도울 수 있다니, 공정 무역 제품을 꼭 사야 할 이유로 충분하잖아? 동물을 생각하는 소비도 있어. 동물실험을 하지 않은 화장품이나 비건 제품을 사는 거지. 요즘엔 비건 아이스크림이나 비건 햄버거도 있대. 비건 햄버거 패티는 콩이나 버섯으로 만드는데, 맛은 고기랑 비슷하다고 해. 이걸 먹으면 소 한 마리를 구한 셈이 된다니. 우와, 햄버거 하나로 동물도 구하고 지구도 지키고, 진정한 슈퍼 히어로네.

지역 경제를 돕는 소비도 있어. 대형 마트 대신 동네 가게에서 물건을 사는 거지. 이렇게 하면 우리 동네에서 장사하는 상인들을 돕는 거야. 동네 빵집에서 빵을 사면 우리 동네 경제 영웅이 되는 거지! 중고 물건을 사는 것도 착한 소비야. 새 물건을 만들 때는 에너지도 많이 들고 자원도 많이 쓰게 되잖아. 하지만 중고 물건을 사면 그런 낭비를 줄일 수 있고 돈도 아낄 수 있으니 일석이조지! 에너지를 아끼는 제품을 고르는 것도 중요해. 에너지 효율 등급이 높은 가전제품을 사면 전기도 아끼고 지구도 지킬 수 있어. 에어컨이나 냉장고를 살 때 꼭 확인하고 사는 거야!

건강에 좋은 먹거리를 고르는 것도 착한 소비야. 유기농 과일이나 채소를 사면 우리 건강도 지키고 환경도 지킬 수 있어. 농약을 덜 쓰니까 땅도 덜 오염되거든. 유기농 사과 한 개를 먹으면 일반 사과 3개만큼의 항산화 효과가 있대. 그러니까 유기농 사과를 먹으면 우리 몸속에 작은 병원을 하나 차린 셈이지!

필요한 만큼만 사는 것도 중요해. 과소비를 하면 결국 버리는 물건이 많아지는 거잖아. 특히 음식은 꼭 필요한 만큼만 사는 습관을 들여야 해. 음식물 쓰레기를 줄이면 환경을 지키는 영웅이 될 수 있어!

물건을 살 때 포장을 확인하는 것도 중요해. 과대 포장된 제품은 피하고, 포장이 단순한 제품을 고르는 거지. 선물 살 때도 마찬가지야. 예쁜 포장지로 감싼 선물 대신 재사용 가능한 포장을 활용해 보는 건 어떨까?

환경을 생각하거나 사회에 기부를 많이 하며, 착한 소비를 실천하는 기업의 제품을 고르는 것도 좋은 방법이야. 하지만 착한 소비를 하는 게 항상 쉽지만은 않아. 가격이 조금 더 비쌀 수도 있고, 원하는 제품을 찾기 어려울 수도 있어. 그래도 포기하지 마! 작은 노력들이 모이면 큰 변화를 만들 수 있으니까.

착한 소비를 실천하는 방법

너희도 착한 소비자가 될 수 있어. 물건을 사기 전에 잠깐 멈춰서, 이 물건이 정말 필요할까? 이 물건은 어떻게 만들어졌을까? 이렇게 스스로에게 질문해 보는 습관을 들여 봐. 그다음은 인터넷에서 착한 소비에 대한 정보를 찾아보는 거야. 어떤 제품이 환경에 좋은지, 어떤 기업이 윤리적인지 알아보는 거지. 마지막으로 주변 사람들과 이야기를 나눠 봐. 친구들이나 가족들에게 착한 소비의 중요성을 알려 주는 거지. 함께 노력한다면 더 큰 변화를 만들 수 있으니까. 우리 모두가 조금씩 노력한다면 분명 세상은 더 좋은 곳이 될 거야.

1. 다음 중 착한 소비가 아닌 것은 무엇일까?

① 일회용품 대신 재사용할 수 있는 물건을 산다.   ② 공정 무역 제품을 산다.

③ 대형 마트 대신 동네 가게에서 물건을 산다.   ④ 예쁘게 포장된 물건을 산다.

2. 건강에 좋은 먹거리를 고르면 좋은 이유는 무엇일까?

----

3. 착한 소비자가 될 수 있는 다양한 방법을 적어 보자.

----

4. 다음 문장이 맞으면 O, 틀리면 X를 표시하자.

착한 소비는 가격이 저렴하고 디자인이 예쁜 제품을 아무 조건 없이 사는 것을 말한다. (　　　)

 더 알고 싶어 119   📖도서   ▷영상   🔍사이트

🔍 **지속 가능한 소비: 친환경 제품을 선택하는 방법** (한국소비자인증)
지속 가능한 소비는 거창한 게 아니야. 포장재가 적은 제품을 고르고, 오래 쓸 수 있는 물건을 선택하는 작은 실천에서 시작되지. 오늘 내가 고르는 한 가지가 환경을 지키는 선택이 될 수 있어.

▷ **조금 비싸더라도 착한 소비…커지는 가치소비 시장** (MBC 뉴스)
요즘 사람들은 단순히 '싸고 좋은 것'보다 '의미 있는 소비'를 더 중시한대. 윤리적 브랜드나 친환경 제품에 돈을 쓰는 이유는 물건이 아니라 신념을 사는 시대가 되었기 때문이야.

경제가 성장할수록 환경은 병들고 있어

경제 성장과 환경의 줄다리기: 지구는 과연 몇 점일까?

한쪽에서는 높은 빌딩들이 계속 올라가고, 다른 한쪽에서는 나무들이 하나둘 쓰러지고 있어.

이게 바로 우리가 살고 있는 세상의 모습이야.

경제는 쑥쑥 자라나는데, 환경은 점점 아파하고 있어. 마치 거대한 줄다리기 같아!

학습 키워드 #경제성장 #환경 오염 #지구온난화 #산림파괴
교과 연계 중3 > 사회 > 국제 무역이 환경과 사회에 미치는 영향을 분석하고 공정 무역과 지속 가능한 교류를 실천할 수 있는 방안을 모색한다.

경제 성장의 그늘

'경제 성장'이라는 말, 들어 봤지? 이건 우리나라가 점점 더 부자가 되는 걸 말해. 공장도 많아지고, 물건도 더 많이 만들고, 우리 용돈도 늘 어나는 거지. 근데 이게 왜 환경에는 안 좋을까?

먼저 공장이 많아지면 공기가 더러워져. 공장에서 나오는 연기 때 문이지. 마치 방귀를 뿡뿡 뀌는 것처럼 공장들이 계속 더러운 공기를 내 뿜는 거야. 중국의 어떤 도시는 공기가 너무 더러워서 맑은 하늘을 보여 주는 대형 스크린을 설치했대. 진짜 하늘은 볼 수 없으니까 가짜라도 보 라는 거지.

물건을 많이 만들면 쓰레기도 많아져. 우리가 쓰는 물건들은 결국 다 쓰레기가 되잖아? 그런데 이 쓰레기를 어디에 둘지가 큰 문제야. 태

평양에는 쓰레기로 만들어진 거대한 섬이 있대. 이 섬의 크기가 프랑스의 3배나 된다니, 쓰레기로 새로운 대륙을 만든 거잖아.

　또 경제가 성장하면 에너지도 많이 쓰게 돼. 전기를 많이 쓰면 지구 온난화가 더 심해지지. 지구가 점점 더워지는 거야. 숲도 점점 사라지고 있어. 나무를 베어서 종이를 만들고, 건물을 짓고, 농사를 짓기 때문이지. 근데 나무는 공기를 깨끗하게 만들어 주는 지구의 공기 청정기야. 나무가 사라지면 공기가 더 더러워지겠지? 아마존 열대우림은 지구의 '허파'라고 불리는데, 이 허파가 점점 작아지고 있대. 지구가 숨을 못 쉬게 될 것만 같아.

　바다도 아파하고 있어. 공장에서 나온 더러운 물이 바다로 흘러들어 가거든. 또 플라스틱 쓰레기가 바다에 버려져서 물고기들이 힘들어하고 있어. 이를 해결하려고 어떤 과학자들은 플라스틱을 먹는 박테리아를 만들었대. 이 꼬마들이 바다의 플라스틱을 다 먹어 치우면 좋겠다!

　사람들이 살 곳을 만들려고 숲을 파괴하니까 동물들의 집도 없어지고 있어. 호랑이, 코끼리 같은 동물들은 갈 곳이 없어졌대. 호주에서는 코알라들이 길을 건널 때 사용하는 '코알라 육교'를 만들었다고 해. 동물들을 위한 횡단보도라도 설치해서 동물들을 지켜 주려는 호주 사람들의 따뜻한 마음이 느껴져.

지속 가능한 발전을 꿈꾸며

하지만 나쁜 일만 일어나는 건 아니야. 요즘엔 '지속 가능한 발전'을 생각하는 사람들이 많아졌어. 경제도 성장하고 환경도 지키자는 말이지. 이를 실천하려면 재생에너지를 사용해야 해. 태양광, 풍력 같은 에너지는 공기를 더럽히지 않거든. 네덜란드의 어떤 곳에는 사람들이 춤을 추면 전기가 만들어지는 기차역이 있대. 춤추면서 전기를 만들다니, 재미있잖아? 쓰레기를 다시 사용하는 리사이클링도 중요해. 플라스틱 병으로 옷을 만들기도 하고, 음식물 쓰레기로 비료를 만들기도 해. 어떤 회사는 바나나 껍질로 신발을 만들었대.

친환경 제품을 만드는 회사들도 많아졌어. 전기차를 만들어 공기 오염을 줄이고, 종이 빨대를 만들어서 플라스틱 사용을 줄이고 있어. 어떤 과학자들은 먹을 수 있는 포장지까지 만들었대. 과자를 먹고 봉지까지 먹을 수 있다니, 정말 신기하지?

우리도 환경을 위해 할 수 있는 일이 많아. 쓰레기 분리 배출하기, 일회용품 덜 쓰기, 가까운 거리는 걸어 다니기 등이지. 작은 실천들이 모이면 큰 변화를 일으킬 수 있어.

정부도 환경을 살리려고 노력하고 있어. 환경을 오염시키는 기업에게는 벌금을 내게 하고, 친환경 기업에게는 혜택을 주고 있지.

경제가 성장하면서 환경이 아파하고 있지만 우리가 노력하면 둘 다 잘할 수 있다는 것도 알게 됐어. 앞으로 너희가 무언가를 살 때, 버릴 때, 사용할 때, 여기서 배운 걸 떠올려 봐. 작은 선택들이 모여 지구의 운명을 바꿀 수 있다는 걸 기억하면서 말이야. 너희가 지구를 지키는 작은 영웅이 될 수 있을 거야!

1. 다음 중 경제가 성장하면서 생기는 단점이 아닌 것은 무엇일까?

　① 환경 문제가 발생한다.　　　② 지구 온난화를 해결할 수 있다.

　③ 동물들이 살 곳이 줄어든다.　④ 해양 쓰레기가 많아진다.

2. 경제 성장과 환경 보호를 동시에 추구하는 발전 모델을 뭐라고 할까?

　--

3. 경제 성장이 환경에 미치는 부정적 영향과 이를 해결하기 위한 방법을 적어 보자.

　--
　--
　--
　--
　--
　--

4. 다음 그림을 보고 빈칸에 알맞은 말을 써 보자.

경제도 성장하고 환경도 지키는 발전을

_____ 한 발전이라고 한다.

 더 알고 싶어 119　　　📖 도서　▶ 영상　🔍 사이트

🔍 **경제가 성장할수록 환경은 파괴된다? 베트남의 성장으로 알아보는 인류 최대 고민!**
(ESG 칼럼, 2023) 경제가 커질수록 환경이 나빠지는 건 어쩔 수 없는 일일까? 빠르
게 성장한 베트남의 사례를 보면, 발전과 환경 보존 사이의 균형이 얼마나 어려운
지 느껴져. 지속 가능한 성장을 이루기 위한 해답이 아직 멀게만 보여.

▶ **당신이 넷플릭스, 유튜브 같은 영상 볼 때마다 환경이 오염되는 이유 (스브스뉴스)**
영상 한 편을 재생할 때마다 탄소가 배출된다는 사실, 알고 있었어? 서버를 돌리고
데이터를 전송하는 데 필요한 전기가 어마어마하다. 편리한 디지털 생활 뒤에 숨은
환경 비용을 한 번쯤 떠올려 보자.

탄소 발자국은 무엇일까?

나도 모르게 찍고 있는 지구의 발자국: 탄소의 숨은 흔적 찾기

발자국 남기기 놀이 해 본 적 있니? 모래사장이나 눈 위에 발자국을 남기면 재미있잖아.
그런데 우리가 매일매일 지구에 '탄소 발자국'이라는 걸 남기고 있대.
보이지 않는 이 신비한 발자국은 대체 무엇일까?

학습 키워드 #탄소발자국 #온실가스 #에너지절약 #교통수단선택
교과 연계 중3 > 사회 > 경제생활에서 정부의 역할을 탐구하고 바람직한 경제 주체의 자세를 모색한다.

탄소 발자국은 어디에서 생길까?

'탄소 발자국'이라는 말, 들어 봤니? 이는 우리가 일상생활에서 얼마나 많은 온실가스를 만들어 내는지 보여 주는 거야.

먼저 우리가 사용하는 전기에서 탄소 발자국이 생긴대. 컴퓨터를 켜거나 에어컨을 틀 때마다 발전소에서 전기를 만들어 내는데, 이때 이산화탄소가 나오거든. 유튜브 영상 한 편을 볼 때마다 약 0.2g의 이산화탄소가 발생한다니까, 하루에 10개의 영상을 본다면…. 음, 어느 정도인지 계산해 봐.

교통수단을 이용할 때도 탄소 발자국이 생긴대. 자동차나 비행기는 기름을 태우면서 움직이잖아? 이때 이산화탄소가 나오는 거야. 서울에서 부산까지 KTX를 타면 승객 1인당 약 14kg의 이산화탄소가 발생한

대. 근데 같은 거리를 비행기로 가면 67kg이나 된다니. 우와! KTX가 환경 지킴이잖아!

우리가 음식을 먹을 때도 탄소 발자국이 만들어져. 음식 재료를 키우고 운반하고 요리하는 과정에서 모두 이산화탄소가 나오거든. 햄버거 하나를 만드는 데 약 2.5kg의 이산화탄소가 발생한대. 소를 키우는 데 많은 자원이 들어가기 때문이지. 옷을 살 때도 탄소 발자국이 만들어져. 청바지 한 벌을 만들 때마다 약 33.4kg의 이산화탄소가 발생하고 있어. 이건 자동차로 약 111km를 달리는 것과 같은 양이래. 우리가 입는 옷이 이렇게 큰 발자국을 남긴다니, 놀랍지 않니?

휴대폰이나 컴퓨터 같은 전자 제품을 사용할 때도 탄소 발자국이 생겨. 스마트폰 한 대를 만들 때 약 70kg의 이산화탄소가 발생한다니까 1년에 한 번씩 새 폰을 산다면… 음, 얼마나 많은 탄소가 나올까?

심지어 인터넷을 사용할 때도 탄소 발자국이 생겨. 이메일을 보내거나 검색을 할 때마다 서버라는 큰 컴퓨터가 작동하는데, 이때 전기를 쓰거든. 이메일 하나를 보낼 때마다 약 4g의 이산화탄소가 발생해. 그러니 불필요한 단체 메일을 보내지 않는 것만으로도 탄소를 줄일 수 있어!

우리가 버리는 쓰레기에서도 탄소 발자국이 생겨. 우리나라 사람 한 명이 1년 동안 버리는 쓰레기에서 발생하는 이산화탄소는 약 300kg이래. 이건 30년 된 소나무 23그루가 1년 동안 흡수하는 양과 같아!

그렇다면 우리의 탄소 발자국은 과연 얼마나 될까? 한국인 1인당 연간 탄소 발자국은 약 11.7톤이야. 이건 지구가 1년 동안 흡수할 수 있는 양의 4배나 돼! 우리가 모르는 사이에 엄청난 발자국을 남기고 있었는데 모르고 있었어.

탄소 발자국을 줄일 수 있는 방법

하지만 걱정하지 마. 우리가 탄소 발자국을 줄일 수 있는 방법은 많으니까. 어떻게 하면 탄소 발자국을 줄일 수 있을까?

먼저 에너지를 아껴 쓰는 거야. 사용하지 않는 전자 제품의 플러그를 뽑고, 냉난방 온도를 1~2도만 조절해도 큰 도움이 돼.

대중교통이나 자전거를 이용하는 것도 좋은 방법이야. 자전거로 1km를 가면 약 250g의 이산화탄소를 줄일 수 있거든. 매일 학교까지 자전거를 타고 간다면, 1년에 나무 한 그루를 심는 효과가 있지.

음식을 남기지 않는 것도 중요해. 음식물 쓰레기에서도 온실가스가 나오니까 말이야. 일주일 동안 음식을 남기지 않고 다 먹어 보는 건 어떨까? 성공하면 자신에게 작은 선물을 주는 거야.

재활용도 탄소 발자국을 줄이는 좋은 방법이야. 플라스틱, 종이, 캔 등을 분리배출하면 새로운 제품을 만들 때 에너지를 덜 쓸 수 있어. 알루미늄 캔 하나를 재활용하면 TV를 3시간 볼 수 있는 전기를 아낄 수 있다니, 대단하지?

전자 제품은 오래 쓰는 게 좋아. 지금 쓰는 휴대폰을 앞으로 6개월만 더 쓰면 탄소 발자국을 얼마나 줄일 수 있는지 찾아보자. 놀라운 결과를 볼 수 있을 거야. 채식을 하는 것도 좋은 방법이야. 고기를 생산할 때 온실가스가 많이 생기거든. 일주일에 하루는 '채식 도전의 날'로 정해 보는 건 어떨까? 맛있는 채식 요리를 찾아서 먹는 것도 재미있을 거야!

우리가 매일 지구에 탄소 발자국이란 흔적을 남기고 있다니 놀랍지 않니? 하지만 우리가 조금만 노력하면 이 발자국을 줄일 수 있다는 것도 알게 됐어. 그러니까 앞으로 탄소 발자국을 얼마나 줄일 수 있을지 생각하면서 지구를 위해, 우리의 미래를 위해 함께 노력해 보자.

1. 탄소 발자국을 줄이기 위한 국제적 노력의 하나로 1997년 채택된 국제 협약의 이름은 무엇일까?

----

2. 다음 중 탄소 발자국이 생기는 경우가 아닌 것은 무엇일까?

① 컴퓨터로 게임을 할 때   ② 운동장을 뛰어다닐 때
③ 음식을 만들 때   ④ 휴대폰 문자를 보낼 때

3. 한국인 1인당 연간 탄소 발자국은 얼마나 될까?

----

4. 일상생활에서 발생하는 탄소 발자국의 예를 세 가지 이상 들고 이를 줄이기 위한 실천 방안을 적어 보자.

 더 알고 싶어 119   📖 도서 ▷ 영상 🔍 사이트

🔍 **'탄소 발자국'이란 무엇일까요? (이투데이, 2021)**
탄소 발자국은 우리가 일상에서 쓰고 버리는 모든 것들이 만들어 내는 이산화탄소의 양을 말해. 전기 사용, 교통수단, 음식까지 모두 포함되지. 결국 내가 남기는 흔적이 지구의 온도를 바꾸고 있는 셈이야.

▷ **당신의 '탄소 발자국' 오늘 얼마나? (YTN)**
하루 동안 내가 남긴 탄소 발자국을 계산해 본 적 있어? 커피 한 잔, 배달 한 번, 자동차 운전 몇 분이 모두 합쳐지면 꽤 큰 수치가 돼. 지구를 위한 변화는 거창한 게 아니라, 그 양을 조금씩 줄이는 데서 시작된대.

착한 에너지 개발에 참여하자

지구를 구하는 에너지 히어로: 너도 나도 착한 에너지 개발자

우리 모두 지금 당장 에너지 히어로가 될 수 있어! 어떻게?
바로 '착한 에너지' 개발에 참여하면 돼.
태양, 바람, 물 같은 자연의 힘으로 깨끗한 에너지를 만드는 거지.
이 신나는 에너지 모험을 향해 함께 떠나 볼까?

학습 키워드 #재생에너지 #태양광발전 #풍력발전 #수력발전
교과 연계 중3 > 사회 > 세계화로 인한 국제 무역의 확대가 환경과 사회에 미치는 영향을 분석하고 공정 무역과 지속 가능한 교류 방안을 모색한다.

착한 에너지를 개발하자

'착한 에너지'라는 말, 들어 본 적 있니? 지구에 해를 끼치지 않으면서 우리가 필요한 전기를 만들어 내는 에너지를 말해. 석유나 석탄 대신 자연의 힘을 이용하는 에너지에는 어떤 종류가 있는지 함께 알아볼까?

먼저 태양광 에너지가 있어. 말 그대로 태양의 빛으로 전기를 만드는 거지. 지붕이나 들판에 설치된 검은색 패널을 본 적 있지? 그게 바로 태양광 패널이야. 세계에서 가장 큰 태양광 발전소는 인도에 있대. 그 크기가 무려 축구장 2,500개만큼이나 된다니, 굉장하지!

풍력 에너지도 있어. 바람의 힘으로 커다란 풍차를 돌려 전기를 만들지. 제주도에 가면 큰 풍력발전기를 볼 수 있어. 어떤 과학자들은 연을 이용한 풍력발전을 연구하고 있대. 연날리기하면서 전기도 만들 수 있다

니, 정말 신기하지 않니?

수력 에너지도 있어. 물의 힘으로 전기를 만드는 거지. 댐에서 떨어지는 물로 터빈 발전기를 돌려서 전기를 만들어. 노르웨이는 전기의 98%를 수력으로 만들고 있대. 대단하지?

지열 에너지는 지구 내부의 열을 이용해. 화산이 많은 아이슬란드 같은 나라에서 많이 쓰고 있지. 아이슬란드에서는 지열로 길거리의 눈도 녹인대. 겨울에 눈 치울 때 얼마나 편할까?

바이오 에너지는 식물이나 음식물 쓰레기 같은 것들로 만들어. 영국의 한 버스는 커피 찌꺼기로 만든 연료로 달린대. 커피 한 잔을 마시고 나면, 그 찌꺼기로 버스가 1.6km를 달릴 수 있다니까. 커피 마시고 그 찌꺼기 연료로 움직이는 버스를 타고 학교에 간다면 기분 좋겠지?

파력 에너지는 파도의 힘을 이용해. 어떤 과학자들은 파도의 움직임을 이용해서 전기를 만드는 '뱀장어 로봇'도 만들었대. 바닷속 로봇 뱀장어라니, 상상만 해도 재밌지?

조력 에너지는 밀물과 썰물의 차이를 이용한 에너지야. 우리나라 서해안에 있는 시화호 조력발전소가 유명하지. 이 발전소 하나로 서울의 50만 가구가 쓸 수 있는 전기를 만들 수 있대.

최근에는 수소 에너지도 주목받고 있어. 물을 분해해서 나온 수소로 전기를 만들어. 일본에서는 수소로 달리는 기차를 만들었대. 이 기차는 물만 내뿜는다고 해. 물을 흘리며 달리는 기차라니, 정말 신기하지?

착한 에너지 개발에 참여하는 방법

우리가 이런 착한 에너지들을 만드는 데 참여하려면 어떻게 해야 할까? 먼저 에너지에 대해 공부하는 거야. 책을 읽거나 다큐멘터리를 보면서 착한 에너지에 대해 더 알아보는 거지. 학교에서 에너지 관련 과학 실험을 해 보는 것도 좋아. 작은 태양광 패널로 장난감 자동차를 움직이거나 풍력으로 작은 선풍기를 돌려 보는 거지. 친구들과 함께 '착한 에너지 경진 대회'를 여는 건 어떨까? 가장 창의적인 아이디어를 뽑아 보는 거야.

집에서 착한 에너지를 직접 사용해 봐. 태양광 충전기로 휴대폰을 충전하거나 태양광 정원등을 설치하는 거지. 태양광 충전기로 스마트폰을 완전히 충전하려면 5시간 정도 걸린대.

에너지 절약도 착한 에너지를 개발하는 한 방법이야. 에너지를 적게 쓰면 그만큼 새로 만들 필요가 없으니까. 한 달 동안 가족이 함께 에너지 절약 대회를 해서 가장 많이 절약한 사람에게 상품을 주거나 SNS를 통해 착한 에너지의 중요성을 알릴 수도 있을 거야. 또 '착한 에너지 챌린지'를 만들어서 친구들과 함께 참여해 보는 건 어떨까?

지역 사회의 착한 에너지 프로젝트에도 참여해 봐. 학교나 동네에 태양광 패널을 설치하는 운동을 하는 것도 좋지. 네덜란드의 한 마을에는 자전거 도로에 태양광 패널을 깔았대.

미래의 꿈을 착한 에너지와 연결해 보는 것도 좋아. 에너지 공학자, 환경 과학자, 착한 에너지 정책 전문가 등 다양한 직업이 있어. 너희가 10년 후 세계적인 착한 에너지 전문가가 되었다고 상상해 봐. 착한 에너지 아이디어 공모전에 참가하는 것도 좋아. 너희가 내놓은 기발한 아이디어가 미래를 바꿀 수도 있어. 13살 소년이 태양광 패널의 효율을 높이는 방법을 발견해서 과학상을 받은 적도 있다니까, 너희도 할 수 있어!

앞으로 전기를 사용할 때마다 여기서 배운 걸 떠올려 봐. 어떻게 하면 더 착한 에너지를 쓸 수 있을지 생각해 보는 거지. 그런 사람이 많아지면 지구를 구하는 슈퍼 히어로 팀을 만들 수 있을 거야.

1. 태양광, 풍력처럼 환경 오염을 줄이면서 지속적으로 사용할 수 있는 에너지를 뭐라고 부를까?

-----

2. 다음 중 착한 에너지가 아닌 것은 무엇일까?

① 태양광 에너지   ② 풍력 에너지   ③ 원자력 에너지   ④ 바이오 에너지

3. 에너지를 절약하는 방법에는 어떤 것들이 있을까?

-----

4. 우리나라에서 가장 효과적으로 활용할 수 있는 재생에너지는 무엇일지 그 이유와 함께 설명해 보자.

👍 **더 알고 싶어 119**

📖 도서   ▷ 영상   🔍 사이트

🔍 **더 가깝게, 더 쉽게 태양광에너지 팩트체크** (한국전력, 빛으로 여는 세상)
태양광 에너지가 멀게만 느껴진다면 오해일지도 몰라. 지붕 위 패널 하나로도 집에서 전기를 만들어 쓸 수 있대. 생각보다 간단하고 깨끗한 에너지원이라 점점 많은 사람들이 관심을 가지는 중이야.

▷ **전기 낭비 주범들 다~ 찾아서 전기요금 절약하는 법** (스브스뉴스)
하루 종일 꽂혀 있는 충전기, 대기 전력 잡아먹는 전자제품들 생각보다 많지? 작은 습관 몇 가지만 바꿔도 전기요금이 눈에 띄게 줄 수 있어.

공유 경제에 참여하자

내 것 네 것이 아닌 우리 것: 공유 경제로 여는 신세계

만약 '내 것'도 '네 것'도 아닌 '우리 것'이 있다면 어떨까?
물건을 사지 않고 필요할 때 빌려 쓰고, 내가 안 쓰는 걸 다른 사람과 나누는 게
바로 '공유 경제'야. 우리 함께 이 신기한 공유 경제의 세계로 모험을 떠나 볼까?

학습 키워드 #공유경제 #카셰어링 #숙박공유
교과 연계 중1 > 사회 > 합리적인 선택의 의미를 이해하고 생산자·소비자·정부가 경제활동에서
맡은 역할과 책임을 탐구한다.

어떤 것들을 공유할 수 있을까?

'공유 경제'라는 말, 들어 본 적 있지? 우리가 가진 것들을 다른 사람들과 함께 나눠 쓰는 새로운 경제 방식을 말해. 공유 경제는 왜 생겼고, 어떤 것들을 공유할 수 있는지 함께 알아볼까?

우리가 사는 물건 중에는 자주 쓰지 않는 것들이 많아. 예를 들어 드릴은 1년에 몇 번이나 쓸까? 이렇게 가끔 필요한 물건들을 모두 하나씩 사는 건 좀 낭비 같지? 그래서 생긴 게 공유 경제야.

평균적으로 자동차는 하루의 95%를 주차장에서 보낸대. 1일 24시간 중 겨우 1시간 정도만 움직인다는 거지. 이걸 다른 사람들과 나눠 쓸 수 있다면 얼마나 좋을까?

공유 경제의 대표적인 예로 '카 셰어링'이 있어. 필요할 때만 차를 빌

려 쓰는 거지. 쏘카, 그린카 같은 서비스 들어 봤지? 만약 학교 앞에 '등하교용 공유 자전거'가 있다면 어떨까? 아침에 빌려서 학교에 오고, 집에 갈 때 다시 반납하는 거지.

숙박 공유 서비스도 유명해. 에어비앤비라고 들어 봤을 거야. 남는 방을 여행자에게 빌려주는 서비스지. 옷을 공유하는 서비스도 있어. 프로젝트앤이라는 앱에서는 명품 가방을 빌려 쓸 수도 있대. 친구들과 '일주일 옷 공유하기' 챌린지를 해 보는 건 어떨까? 장난감 공유도 인기 있어. 아이들이 금방 싫증 내는 장난감, 사서 며칠 쓰고 창고에 처박아 두는 경우 많잖아. 장난감 도서관에서는 책 빌리듯 장난감을 빌릴 수 있어. 덴마크의 한 유치원은 모든 장난감을 공유해서 쓴대.

재능 공유 플랫폼을 통하면 자신의 특기를 다른 사람에게 가르쳐 줄 수 있어. 학교에서 '1일 선생님 되기' 행사를 연다면 어떨까? 자신 있는 과목이나 특기를 친구들에게 가르쳐 주는 거야.

심지어 주차 공간도 공유할 수 있어. 회사에 가 있는 동안 비어 있는 우리 집 주차장을 다른 사람에게 빌려주는 거지. 만약 학교 운동장을 주말에 주차장으로 공유한다면? 그 수익으로 학교 시설을 개선할 수 있을지도 몰라.

공간 공유도 활발히 이루어지고 있어. 회의실, 스터디 룸, 심지어 캠핑장까지 공유할 수 있어. 일본의 한 호텔은 낮에는 직장인들의 업무 공간으로, 밤에는 숙박 시설로 운영된대. 24시간이 아깝지 않겠지?

그렇다면 우리도 공유 경제에 참여할 수 있을까? 물론이지.

우리가 공유 경제에 참여하는 방법

먼저 집에 있는 물건 중 잘 사용하지 않는 것들을 찾아봐. 그리고 이

옷이나 친구들과 공유해 보는 거야. 학용품도 공유할 수 있어. 교과서, 참고서, 필기구 등을 후배들에게 물려주는 거야. 학교에 '학용품 공유 서재'를 만들어서 필요한 사람이 빌려 가고, 다 쓰면 반납하는 거지.

재능 기부도 공유 경제의 한 형태야. 너희가 잘하는 것을 다른 사람에게 가르쳐 주면 돼. 춤, 노래, 그림, 요리 등 잘하는 게 있다면 뭐든 좋아! 중고 거래 앱을 통해 안 쓰는 물건을 팔거나 필요한 물건을 사는 것도 공유 경제의 일종이야. 한 달 동안 새 물건을 사지 않고 중고 거래로만 생활해 보는 건 어때? 동네 도서관이나 공구 도서관을 이용하면, 책이나 공구를 사지 않고도 필요할 때 빌려 쓸 수 있어. 서울의 한 구청은 '공구 은행'을 운영하고 있어. 망치부터 전동 드릴까지 다양한 공구를 무료로 빌려준대.

카풀도 공유 경제의 좋은 사례야. 같은 방향으로 가는 사람들이 차를 함께 타는 거지. 학원 갈 때 친구들과 '카풀 그룹'을 만들어 보는 건 어떨까? 돌아가면서 부모님께 부탁 드려 태워다 주는 거지.

공유 경제는 환경 보호에도 좋아. 물건을 덜 사니까 쓰레기도 줄어들고, 자원도 절약할 수 있거든. 만약 우리 반 친구들이 모두 교과서를 물려받는다면 1년에 나무를 몇 그루나 살릴 수 있을까?

하지만 공유 경제에도 주의할 점이 있어. 남의 물건을 빌릴 때는 내 것처럼 소중히 다뤄야 해. 또 위생이나 안전에도 신경을 써야 하지. 공유 물건을 사용한 후에는 항상 "깨끗이, 고맙게, 제자리에"라는 3가지 규칙을 지켜야 해. 작은 나눔으로도 세상을 바꿀 수 있어. 앞으로 물건을 사거나 쓸 때마다 여기서 배운 걸 떠올려 봐. 꼭 사야 할까? 빌려 쓸 순 없을까? 다른 사람과 나눠 쓸 순 없을까? 이렇게 생각해 보는 거지. 한 명한 명의 작은 실천이 모여 더 나은 세상을 만들 수 있어.

1. 개인이 소유한 자산을 다른 사람과 공유해서 사용하는 경제 활동을 뭐라고 할까?

----

2. 다음 중 공유 경제에 해당하지 않는 것은 무엇일까?

　① 카 셰어링　　② 배달 앱　　③ 재능 공유 플랫폼　　④ 장난감 도서관

3. 우리가 공유 경제에 참여하는 방법에는 어떤 것이 있을까?

----

4. 공유 경제가 우리 사회에 미치는 긍정적인 영향에 대해 적어 보자.

 더 알고 싶어 119　　　📖도서　▷영상　🔍사이트

🔍 **공유 경제, 10년 후 20배 성장** (The Science Times, 이성규)
자동차, 옷, 사무실까지 이제는 '소유'보다 '공유'의 시대래. 필요한 만큼만 쓰고 나누는 경제 방식이 점점 커지고 있어. 10년 후엔 지금보다 20배 이상 성장할 거란 전망도 나왔어.

▷ **굳이 살 필요 있나요? 빌려 쓰는 '공유 경제' 확산** (연합뉴스TV)
꼭 사지 않아도 되는 물건, 잠깐 빌려 쓸 수 있다면 훨씬 효율적이지 않을까? 이런 생각에서 시작된 공유 경제가 일상 속으로 빠르게 퍼지고 있대. 소비의 기준이 '내 것'에서 '우리 것'으로 바뀌고 있는 거야.

필요 없는 소비는 멈춰야 해

지갑 지키기 대작전: 불필요한 소비와 이별하는 법

갑자기 눈앞에 초콜릿 케이크가 나타났다고 상상해 봐.
배는 안 고픈데 먹고 싶어서 안달이 나겠지? 우리는 이럴 때 '불필요한 소비'를 하게 돼.
우리의 지갑을 위협하는 이 달콤한 유혹을 어떻게 하면 이겨 낼 수 있을까?

학습 키워드 #충동구매 #광고의영향 #스트레스해소용쇼핑 #과시소비
교과 연계 중3 > 사회 > 시장 가격 변동이 사회와 환경에 미치는 영향을 분석하고 바람직한 소비와 생산 활동의 방향을 탐색한다.

충동구매를 줄여야 해

우리에게 정말로 필요하지 않은데 그냥 사고 싶어서 사는 걸 '불필요한 소비'라고 해. 왜 이런 소비를 하게 되고, 어떻게 하면 줄일 수 있는지 함께 알아볼까?

먼저 우리가 왜 불필요한 소비를 하는지 생각해 봐. 가장 큰 이유는 바로 '충동구매' 때문이야. 그냥 멋져 보여서, 남들이 다 가지고 있어서, 할인 중이라서 등등 여러 가지 이유로 갑자기 사고 싶어지는 거지. 사람들은 쇼핑몰에 들어가면 평균적으로 1분 만에 물건을 살지 말지 결정한대. 1분 만에 우리 지갑이 위험해질 수 있다니, 무섭지 않니?

광고의 영향도 커. TV, 인터넷, SNS 등 우리 주변은 광고 천지야. 유튜브에서 좋아하는 유튜버가 쓰는 물건을 보면 나도 모르게 사고 싶어지

잖아. 이런 게 바로 광고의 힘이야.

스트레스 때문에 불필요한 소비를 하기도 해. '스트레스 해소용 쇼핑'이라는 말, 들어 봤니? 기분이 안 좋을 때 뭔가를 사면 기분이 좋아지는 것 같거든. 다음에 스트레스 받을 때 쇼핑 대신 춤을 춰 보는 건 어떨까? 스트레스도 풀고 돈도 아끼고, 일석이조잖아! 또 다른 이유는 '과시욕' 때문이야. 친구들에게 멋져 보이고 싶어서 비싼 물건을 사는 거지. 만약 학교에 '허세 탐지기'가 있다면 어떨까? 진짜 필요해서 산 건지, 그냥 폼 잡으려고 산 건지 다 들통나겠지?

불필요한 소비 줄이기 작전

그렇다면 이런 불필요한 소비를 어떻게 줄일 수 있을까?

첫 번째 방법은 '기다리기'야. 물건을 사고 싶을 때는 바로 사지 말고 일주일만 기다려 보는 거지. 일주일 후에도 정말 필요하다는 생각이 들면 그때 사면 돼. 두 번째는 '물건 리스트' 만들기야. 정말 필요한 물건들의 목록을 만들고, 목록에 없는 건 사지 않는 거지. 한 달 동안 '무지출 챌린지'를 해 보는 건 어떨까? 꼭 필요한 것 말고는 아무것도 사지 않는 거지. 세 번째는 '현금으로 사기'야. 카드는 돈 쓰는 걸 실감하기가 어려워. 하지만 현금은 눈에 보이니까 함부로 쓰기 어렵지. 심리학자들은 카드로 결제할 때보다 현금으로 낼 때 돈을 쓰는 게 더 아깝게 느껴진대. 네 번째는 '대안 찾기'야. 꼭 사야 할까? 빌리거나 중고로 살 수는 없을까? 친구들과 '물건 바꿔 쓰기' 파티를 열어 보는 건 어떨까? 서로 가진 물건을 교환해서 새로운 느낌을 내는 거지. 다섯 번째는 '광고 피하기'야. TV 광고는 건너뛰고, SNS 광고는 차단해 봐. 광고의 유혹에서 벗어나는 주문을 외워도 좋아. 여섯 번째는 '가치 있는 소비하기'야. 꼭 사야 한다면 오래 쓸 수 있는 좋은 물건을 사는 게 좋아. 싼 운동화를 일 년에 두 번 사는 것과 비싼 운동화를 2년에 한 번 사는 것, 어떤 게 더 경제적일까? 일곱 번째는 '저축 목표 세우기'야. 갖고 싶은 큰 것을 위해 작은 소비를 참는 거지. '소원 저금통'을 만드는 것도 좋은 방법이야. 평소에 사고 싶었던 걸 참을 때마다 그 돈을 저금통에 넣는 거지. 여덟 번째는 '취미 만들기'야. 쇼핑 말고도 재미있는 일들이 많다는 걸 알면 불필요한 소비를 줄일 수 있어. 친구들과 '무지출 놀이' 아이디어 떠올리는 대결을 해 보는 것도 좋아. 돈 안 쓰고 놀 수 있는 방법을 찾아보는 거니까. 아홉 번째는 '행복의 기준 바꾸기'야. 행복은 물건을 사는 데서 오는 게 아니라는 걸 기억해. 일주일 동안 매일 행복한 순간을 기록해 보고, 돈 주고 산 행복과 그렇지 않은 행복 중 어떤 게 더 많을지 확인해 보는 거야. 열 번째는 '환경 생각하기'야. 물건을 사면 결국 쓰레기가 되잖아. 지구를 위해서라도 불필요한 소비를 줄여야 해. 우리가 버린 쓰레기가 전부 우리 집으로 돌아온다면? 아마 물건 살 때 백번은 더 생각하겠지?

하지만 모든 소비를 나쁘다고 할 순 없어. 정말 필요한 것, 나를 발전시키는 데 도움이 되는 것들은 사도 좋아. 물건을 살 때는 나에게 필요한지, 가격이 적당한지, 환경에 나쁘지 않은지, 이 세 가지를 모두 통과해야 사는 '1인 3각 구매법'을 쓰는 거야. 불필요한 소비를 줄이면 좋은 점이 정말 많아. 돈도 아끼고, 공간도 절약되고, 환경도 보호할 수 있어. 한 달 동안 불필요한 소비를 줄여서 모은 돈으로 가족들과 특별한 추억을 만들어 보는 건 어떨까?

앞으로 뭔가를 사고 싶을 때마다 여기서 배운 걸 떠올리면서 "이거 정말 필요할까? 지금 사야 할까? 다른 방법은 없을까?" 생각해 봐. 한 명 한 명의 현명한 선택이 모이면 더 나은 세상을 만들 수 있어.

1. 다음 중 불필요한 소비로 볼 수 없는 것은 무엇일까?

　① 최신 휴대폰이 나오자마자 구입한다.

　② 유명인이 사용하는 제품은 무조건 산다.

　③ 스트레스가 생길 때마다 쇼핑한다.

　④ 평소에 갖고 싶었던 물건은 할인할 때 구입한다.

2. 필요 이상으로 물건을 사거나 사용하는 소비 행태를 뭐라고 할까?

　--

3. 불필요한 소비를 줄이기 위해 실천할 수 있는 방법들을 적어 보자.

　--

　--

　--

　--

　--

　--

4. 다음 내용이 맞으면 O, 틀리면 X를 표시하자.

　현금으로 결제하는 것보다 카드로 결제하는 것이 돈이 더 아깝게 느껴진다.

　(　　　)

더 알고 싶어 119

📑 도서　▶ 영상　🔍 사이트

🔍 **'불필요한 소비'를 줄이고 저축을 늘리는 5가지 팁 (Daily Pop, 변은영)**
무심코 하는 지출을 조금만 줄여도 저축액이 달라진대. 필요한 것과 갖고 싶은 걸 구분하고, 소비 전에 한 번 더 생각하는 습관이 중요하지. 돈을 아끼는 건 결국 나를 위한 여유를 만드는 일이야.

▶ **생활 속 친환경 소비 (연합뉴스TV)**
친환경 소비는 거창한 게 아니야. 텀블러를 쓰고, 포장을 줄이고, 지역 제품을 고르는 것부터 시작되지. 작은 선택들이 모이면 환경을 지키는 큰 변화가 만들어진대.

내가 가진 걸
나누는 기부

슈퍼 히어로의 비밀 능력: 나눔으로 세상을 구하는 법

우리 모두 이미 슈퍼 히어로가 될 수 있는 비밀 능력을 가지고 있어.
그건 바로 '나눔'이라는 초능력이지. 우리가 가진 것을 나누는 작은 행동으로 세상을 바꿀 수
있다니 신기하지 않니? 이 특별한 능력을 어떻게 사용할 수 있는지 함께 알아볼까?

학습 키워드   #물건나누기 #시간기부 #재능기부 #금전적기부
교과 연계   중3 > 사회 > 경제생활에서 정부의 역할을 탐구하고 바람직한 경제 주체의 자세를 모색한다.

너도 기부할 수 있어

'기부'라는 말을 들으면 어떤 생각이 들어? 돈이 많은 어른들이나 하는 거라고? 천만에! 우리 모두가 할 수 있는 멋진 활동이 기부야. 어떤 것들을 나눌 수 있는지, 어떻게 나눌 수 있는지 함께 알아볼까?

먼저 우리가 나눌 수 있는 건 생각보다 정말 많아. 물건, 시간, 재능, 관심 등 우리가 가진 모든 것을 나눌 수 있지. 세계적인 부자 빌 게이츠는 자신의 재산 대부분을 기부하기로 했대. 우리도 빌 게이츠만큼 멋진 일을 할 수 있어!

가장 쉽게 할 수 있는 건 물건 나누기야. 안 쓰는 장난감, 책, 옷 등을 필요한 사람들과 나누는 거지. 친구들과 '장난감 도서관'을 만들어서 장난감을 모아 서로 빌려 쓰고, 다 쓰면 어려운 이웃에게 기부하는 거야.

시간을 나누는 것도 중요해. 봉사 활동에 참여하는 거지. 요양원에서 할머니, 할아버지를 도와드리거나 동물 보호소에서 강아지들을 돌보는 일이 있어. 일주일에 한 시간씩 '랜덤 친절'을 실천해 보는 건 어떨까? 길거리 쓰레기 줍기나 이웃 도와주기 등 작지만 친절한 행동을 꾸준히 하는 거야.

재능 기부도 할 수 있어. 너희가 잘하는 걸 다른 사람들에게 가르쳐 주는 거지. 친구들에게 자신의 특기를 가르쳐 주고, 그 대가로 받은 돈을 기부하는 거야.

돈을 기부할 수도 있어. 용돈을 조금씩 모아서 어려운 이웃을 돕는 거지. '기부 저금통'을 만들어서 하루에 100원씩만 모아도 일 년이면 36,500원이 돼. 이 돈으로 얼마나 많은 사람을 도울 수 있을까?

관심을 나누는 것도 중요해. 주변의 어려운 사람들에게 관심을 갖고 도와주는 거지. '행복 전파하기' 미션에도 도전해 봐. 하루에 한 사람씩 행복하게 만들어 주는 거야. 칭찬, 응원, 작은 선물 등 방법은 너희가 하고 싶은 대로 해도 돼!

환경을 위한 나눔도 있어. 쓰레기 줍기, 나무 심기 같은 거지. '한 달 동안 플라스틱 안 쓰기' 챌린지를 해도 좋아. 줄인 플라스틱 양만큼 나무를 심는 거지.

지식을 나누는 것도 좋아. 공부를 잘하는 친구들이 어려워하는 친구들을 도와주는 거야. 만약 우리 반이 '지식 나눔 왕국'이 된다면 모두가 서로 가르치고 배우는 즐거운 학교가 되겠지?

건강을 나눌 수도 있어. 헌혈이 대표적이지. 물론 나이 제한이 있어서 당장 하긴 어렵지만, 부모님께 권해 드릴 수 있어. 헌혈 한 번으로 최대 세 명의 생명을 구할 수 있대. 정말 대단하지?

온라인에서도 나눔을 실천할 수 있어. SNS에 좋은 정보나 긍정적인 메시지를 공유하는 것도 나눔이야. 친구에게 좋은 말을 해 주고, 그 친구가 또 다른 친구에게 좋은 말을 전하는 '좋은 말 릴레이'를 해도 좋아.

나눔을 실천할 때 주의할 점도 있어. 진심을 담아야 하고 상대방의 입장을 고려해야 해. '나눔 3단 체조'를 떠올려 봐. 첫째, 마음을 열고(팔 벌리기), 둘째, 상대방 입장에서 생각하고(고개 갸웃), 셋째, 행동하기(달리기)!

세상을 바꾸는 나눔의 실천

나눔의 좋은 점은 정말 많아. 나누는 사람도 행복해지고 받는 사람도 행복해지거든. 그러면 세상이 조금씩 더 좋아지는 거지. 일주일 동안 매일 한 가지씩 나눔을 실천해 보고 행복 지수가 얼마나 올랐는지 체크해 보자.

나눔을 통해 우리는 많은 걸 배울 수 있어. 감사하는 마음, 다른 사람을 이해하는 마음, 작은 것의 소중함 등을 알게 되지. 그렇게 나누면서 매일 '나눔 일기'를 써 보자. 오늘 어떤 나눔을 했는지 어떤 느낌이 들었는지 기록하는 거야. 나눔이 습관으로 자리 잡으면 작은 것부터 시작해서 점점 더 큰 나눔으로 발전할 수 있어. 미소 나누기부터 큰 금액 기부하기까지 '나눔 레벨 업'에 도전해 보자.

이렇게 작은 나눔의 실천으로도 우리 모두가 세상을 바꿀 수 있는 힘을 키울 수 있어. 작은 나눔이 모여서 큰 변화를 만드는 거지. 앞으로 무언가를 가질 때마다 여기서 배운 걸 떠올려 봐. "이걸 어떻게 나눌 수 있을까?" 하고 생각해 보는 거야. 한 명 한 명의 작은 나눔이 모여 세상을 더 따뜻하고 아름답게 만들 수 있어.

1. 자신의 재산이나 시간을 대가 없이 다른 사람이나 단체에 주는 행위를 무엇이라고 할까?

2. 다음 중 우리가 쉽게 할 수 있는 기부가 아닌 것은 무엇일까?

① 봉사 활동 참여하기　　　　② 헌혈하기

③ 쓰레기 줍기　　　　　　　④ 용돈 모으기

3. 온라인에서 할 수 있는 기부 활동에는 어떤 것들이 있을까?

4. 기부 활동이 사회에 미치는 긍정적인 영향을 적어 보자.

더 알고 싶어 119　　　　　　　　📖 도서　▷ 영상　🔍 사이트

🔍 **수원시 공유냉장고 "대통령상 수상"** (중앙신문, 권영복)
친환경 소비는 거창한 게 아니야. 텀블러를 쓰고, 포장을 줄이고, 지역 제품을 고르는 것부터 시작되지. 작은 선택들이 모이면 환경을 지키는 큰 변화가 만들어진대.

▷ **이웃들과 따뜻한 마음 나누는 공유냉장고** (MBC경남 뉴스)
누구나 와서 필요한 음식을 가져가고, 또 채워 넣을 수 있는 냉장고가 있다면 어떨까? 이웃 간의 정이 끊이지 않게 만드는 따뜻한 아이디어야. 나눔이 습관이 되는 사회는 바로 이런 모습 아닐까?

나만의 진로 포트폴리오 설계법

"나는 커서 뭐가 될까?", "좋아하는 일을 직업으로 삼을 수 있을까?" 이런 고민 한 번쯤 해 봤을 거야. 근데 그거 알아? 돈과 경제를 잘 이해하고 있으면 진로를 찾는 데 큰 도움이 돼. 직업은 경제 흐름에 따라 생기기도 하고 없어지기도 하거든. 그래서 '진로 포트폴리오'를 만들어 보면 진짜 내가 하고 싶은 일과 그걸 어떻게 준비할지 알게 될 거야.

돈과 경제 그리고 진로

진로 포트폴리오는 내가 좋아하는 것과 내가 잘하는 것, 도전했던 경험 그리고 미래 목표를 기록하는 거야. 그림 그리기, 운동, 말하는 것 등등 좋아하는 것과 잘하는 것들 모두 직업과 연결될 수 있는 힌트가 되거든. 예를 들어 그림을 좋아한다면 디자이너가 될 수도 있고, 사람들과 대화하는 걸 좋아하면 상담사나 협상 전문가가 어울릴 수도 있어. 요즘은 경제 흐름이 빠르게 변하면서 새로운 직업이 계속 생겨나고 있지. AI 전문가, 메타버스 디자이너, 환경 경제 컨설턴트 같은 직업들이 미래에 유망할 거라고 해.

무엇보다 내가 어떤 사람인지 이해하는 게 중요해. 좋아하는 것과 잘하는 것을 적다 보면 내가 어떤 길을 가야 할지 방향이 보이기 시작할 거야. 그리고 그게 경제 활동과 어떻게 연결되는지도 생각해 봐. 이를테면 게임을 좋아한다면 게임 기획자나 e스포츠 해설가 같은 직업을 찾을 수도 있어.

목표를 세울 때는 단기 목표와 장기 목표로 나누는 게 좋아. 단기 목표는 자격증 취득 같은 작은 도전부터 시작할 수 있어. 테샛TESAT 같은 경제 자격증에 도전한다면 경제 지식을 쌓는 데 큰 도움이 될 거야. 만약 재무 설계나 자산 관리에 관심이 있다면 FPFinancial Planner 과정도 추천할게. 이런 목표를 하나씩 이루어 가다 보면, 장기 목표도 자연스럽게 다가올 거야.

진로를 준비하는 과정에서 돈을 관리하는 습관도 꼭 길러야 해. 용돈을 받으면 그중 일부를 저축하고, 매달 얼마를 어디에 썼는지 기록해 보는 거지. 소비 일기나 가계부를 쓰면 불필요한 지출을 줄이는 데 도움이 돼. 이런 작은 습관이 나중에 큰돈을 다루게 될 때도 큰 힘이 될 거야.

진로 포트폴리오를 만들면 좋은 점

진로 포트폴리오에는 내가 지금까지 해 왔던 모든 활동을 정리하면 좋아. 학교 바자회에서 물건을 팔아 본 경험, 가상 주식 투자 대회 참가, 친구들과 함께한 창업 도전 같은 것들도 진로 포트폴리오에 담을 수 있어. 이렇게 작은 도전들이 쌓이다 보면 나중에 더 큰 기회와 만났을 때 자신감을 가질 수 있을 거야.

포트폴리오는 시간이 지날수록 더 멋지게 완성될 거야. 처음엔 목표와 경험을 나열하는 정도일 테지만, 시간이 지날수록 내가 어떻게 성장했는지 보여 주는 이야기가 될 거니까 실패한 경험도 기록하는 게 좋아. 실패는 다음 도전을 위한 배움의 기회가 될 거거든. 이처럼 포트폴리오는 나만의 성장 기록이자, 스스로 동기 부여를 할 수 있는 중요한 도구야. 세상은 계속 변하고 너희가 가고 싶은 진로도 계속 변할 거기 때문에 포트폴리오는 한 번 만들고 끝나는 게 아니라, 필요할 때마다 업데이트하면서 진로 계획을 발전시키는 과정으로 만들어야 해.

너희의 진로는 단순히 직업을 고르는 게 아니야. 좋아하는 일을 하면서 세상에 기여하고, 경제적 가치를 만드는 과정이 되어야 해. 책을 읽으며 나만의 진로 포트폴리오를 만들어 보면서, 작은 목표를 하나씩 이루어 가는 과정에서 성장하는 자신을 느껴 봐. 경제를 이해하고 활용하는 능력은 너희가 가진 꿈을 현실로 만드는 강력한 무기가 될 거야.

1일차

1. ③

2. 인플레이션 (물가가 오르는 현상)

3. **답안 예시** 용돈을 계획적으로 쓰고, 필요한 것과 원하는 것을 구분하며, 가격과 품질을 비교해 똑똑하게 소비한다.

4. ②

2일차

1. ④

2. **답안 예시** 더 합리적인 소비를 하고, 미래 직업을 준비하며, 사회·환경 문제를 이해하는 데 도움을 준다.

3. **답안 예시** 마트에서 세일 기간에 장을 보거나, 중고 거래를 통해 필요한 물건을 저렴하게 사는 것.

4. ④

3일차

1. ②

2. 행동경제학

3. **답안 예시** 용돈을 아껴서 원하던 책을 사고, 대신 친구들과 PC방 가는 것은 포기했다.

4. 매몰 비용

4일차

1. ①

2. 사람마다 가치 있다고 느끼는 것이 다르기 때문

3. **답안 예시** 기회비용은 학원에서 배울 수 있었던 지식이며, 운동 실력을 높이고 건강을 지킬 수 있지만 학습 기회를 잃을 수 있다.

4. 희소성

5일차

1. ③

2. 직관이 때로 놀라운 힘을 발휘해 더 좋은 선택이 될 수 있기 때문

3. **답안 예시** 여러 출처에서 정보를 모으고 비교·분석하며, 필요하면 주변 사람들의 의견을 들어 종합적으로 판단한다.

4. ②

6일차

1. ②

2. PB 상품(Private Brand 상품)

3. **답안 예시** 우유 1리터 가격 비교: 마트(이마트) 2,200원, 편의점(CU) 2,800원, 가격 차이 600원 가격 차이가 나는 이유는 마트는 대량으로 물건을 들여와서 한 번에 많이 팔기 때문에 가격을 낮출 수 있지만, 편의점은 24시간 운영하고 인건비나 임대료가 더 비싸서 물건 가격이 조금 더 비싸다고 생각한다. 또 마트는 행사나 할인 쿠폰이 자주 있지만 편의점은 편리함이 중요한 곳이라 가격이 조금 높은 대신 언제든 살 수 있다는 장점이 있는 것 같다.

4. 편의점. 이유는 밤 10시라서 시간이 늦었고 마트까지 갔다 오면 왕복 40분이 걸리기 때문이다. 게다가 버스비 1,200원을 내면 전체 비용이 2,700원 (1,500원+1,200원)이 돼서 오히려 편의점보다 더 비싸진다. 따라서 시간과 비용을 모두 고려했을 때, 편의점에서 2,000원에 바로 사는 게 더 합리적인 선택이라고 생각한다.

7일차

1. ③

2. 사야 할 물건 리스트를 미리 작성하고, 필요한지 한 번 더 생각한 후에 구입한다.

3. **답안 예시** 세일 전단지는 소비자가 마트에 가도록 유도하고, 세일 상품 외에도 다른 물건을 사게 만드는 효과가 있다.

4. ②

8일차

1. ①

2. 유통기한이 다가오는 상품을 빨리 팔아 재고를 줄이기 위해서

3. **답안 예시** 마트는 팔리지 않는 재고를 줄이고, 소비자는 저렴하게 물건을 살 수 있어 서로 이익이 된다.

4. 수요와 공급

9일차

1. ④

2. 부가가치세는 보통 물건 가격의 10%이다. 부가가치세율이 올라가면 물건 값이 그만큼 비싸지고, 반대로 세율이 내려가면 물건값이 내려갈 수 있다.

3. **답안 예시** 영수증에서 5,500원짜리 시금치를 샀는데, 시금치는 면세 품목이라 부가가치세가 없었다.

우리가 먹는 쌀이나 채소, 생필품 같은 것들은 부가가치세가 붙지 않는데 이런 것은 '면세 품목'이기 때문이다. 하지만 같은 날 산 2,200원짜리 과자에는 부가가치세가 200원 포함되어 있었다. 부가가치세는 도로 건설, 학교 운영, 병원 설립 등 우리 생활에 필요한 곳에 쓰인다. 만약 부가가치세가 없다면 나라가 운영될 재원이 줄어들어 복지 서비스와 공공시설이 부족해질 수 있다.

4. 450원

10일차

1. ②
2. 명절에 많이 구입하는 제수용품이나 식재료 등 생활 필수품의 가격 수준을 말한다.
3. **답안 예시** 쌀, 과일, 생선, 고기 등이 있으며, 미리 준비하거나 가격 비교를 통해 소비를 조절해 물가 상승을 막을 수 있다.
4. ②

11일차

1. ③
2. 직접 조사한 편의점 개수와 주로 구입하는 물건 작성
3. **답안 예시** 동네 작은 가게들의 어려움, 편의점 간 과도한 경쟁, 과도한 포장으로 인한 환경 문제, 건강에 좋지 않은 식습관
4. 무인

12일차

1. ④
2. ③
3. **답안 예시** 아침: 샌드위치, 토스트, 커피
점심: 도시락, 라면, 음료
저녁: 간편식, 과자, 맥주
심야: 아이스크림, 음료수
평일에는 직장인·학생 중심의 도시락과 커피가 많이 팔리고, 주말에는 간식과 아이스크림이 인기가 많다. 이는 생활 패턴과 여가 활동 차이 때문이다.
4. ③

13일차

1. ④
2. 무인 편의점은 점원이 없이 기계로 운영되며, 24시간 영업과 비대면 결제가 가능하다. 일반 편의점은 점원이 계산하고 손님과 직접 소통한다.
3. **답안 예시** 인건비 절감, 24시간 운영 가능, 비대면 서비스 제공 등이 이유다. 소비자는 편리하게 이용할 수 있지만, 근로자의 일자리가 줄고 사람 간 교류가 감소할 수 있다.

4. 물건 진열

14일차

1. ③
2. 브랜드 파워, 본사의 지원, 대량 구매로 인한 저렴한 물건 공급, 광고·포인트 혜택 등으로 시작과 운영이 쉽기 때문이다.
3. **답안 예시** 장점: 안정적인 브랜드 이미지, 저렴한 물건 공급, 광고·포인트 혜택, 신제품 도입이 빠름,
단점: 본사에 수수료 지급, 자유로운 운영이 어려움, 같은 브랜드 간 경쟁 심화
4. 브랜드 파워

15일차

1. ②
2. **답안 예시** 샌드위치, 도시락, 삼겹살, 우유, 아이스크림, 과자, 음료수 등
3. **답안 예시** 유통기한이 짧고, 냉장·보관 설비가 필요하며, 관리 비용이 많이 들어서 판매하지 않는다. 판매 시 소비자는 가까운 곳에서 신선 식품을 살 수 있는 장점이 있지만, 폐기율 증가와 가격 부담이 단점이 될 수 있다.
4. ×

16일차

1. ①
2. **답안 예시** 좋아진 점: 점주와 직원이 밤에 쉴 수 있어 건강과 안전이 좋아짐.
불편해진 점: 새벽에 급히 물건을 사기 어려워짐.
3. **답안 예시** 직원들의 삶의 질이 더 중요하다고 생각한다. 건강과 안전이 보장되어야 서비스가 지속 가능해진다.
4. 워라밸

17일차

1. ②
2. 1,000원
3. 2,000원짜리 상품이 1+1으로 제공되면 원래 비싼 제품을 싸게 산 것처럼 느껴져 심리적으로 더 큰 이익을 본 것 같아 매력적이다.
4. ①-ㄴ, ②-ㄷ, ③-ㄱ, ④-ㄹ

18일차

1. ①
2. **답안 예시** 상품은 소비자의 시선을 끌기 위해 입구·계산대 근처·중앙 선반 등 눈에 잘 띄는 곳에 진열한다. 가격 심리(990원), 묶음 판매, 계절 상품 전시 등

다양한 마케팅 전략이 있다.

3. **답안 예시** 상품 진열 방식은 소비자가 계획에 없던 물건을 사게 만들고, 신상품이나 행사 상품에 더 관심을 갖게 하는 등 구매 결정을 크게 영향을 준다.

4. (삼행시 예시) 편-편하게 언제든 들를 수 있는 곳, 의-의외로 없는 게 없는 곳, 점-점점 가고 싶은 곳

19일차

1. ②
2. 라스트 마일 딜리버리
3. 현금, 신용카드, 모바일 페이, QR 코드 결제
4. 편 - 편리하게 언제든 열려 있고
   의 - 의자처럼 우리 곁에 꼭 필요한 곳
   점 - 점점 더 많아지는 우리 동네 편의점

20일차

1. ③
2. 편의점 픽업 서비스
3. **답안 예시** 편의점 입장: 고객 방문 증가, 추가 상품 구매 유도, 브랜드 이미지 향상, 다양한 서비스 제공으로 경쟁력 강화
   소비자 입장: 24시간 이용 가능, 시간·장소 제약 없음, 다양한 결제 수단, 안전한 보관, 부재 시에도 수령 가능, 편리한 포장 서비스 이용 가능
4. ㄷ → ㄱ → ㄹ → ㅁ → ㄴ

21일차

1. ①
2. 상평통보
3. **답안 예시** 조개껍데기는 가볍고 휴대가 편해 돈으로 쓰였다. 지금의 돈은 금속과 종이로 만들어져 거래가 더 빠르고 안전해져 경제 활동이 활발해졌다.
4. O, × (→ '철' 덩어리를 사용)

22일차

1. ②
2. 교육에 대한 열정, 근면 성실한 국민성, 수출 중심 전략, 정부의 적극적인 지원, 창의적인 기업가 정신
3. **답안 예시** 빠른 경제 성장으로 환경 오염, 빈부 격차, 대기업 중심 구조, 과도한 노동 시간, 고령화 같은 문제가 생겼다. 이를 해결하기 위해 친환경 산업 육성, 주 52시간제 도입, 복지 강화, 중소기업 지원, 인구 정책 개선이 필요하다.

23일차

1. ③
2. (자유롭게 작성)
3. 문화 산업(K-pop. K-drama, K-뷰티, K-푸드 등)

4. **답안 예시** 앞으로 인공지능(AI) 산업이 더 중요해질 것이라고 생각한다. 요즘에도 이미 AI가 사람 대신 계산을 해 주거나, 필요한 정보를 찾아주는 등 여러 가지 일을 하고 있다. 미래에는 AI가 학교 공부를 도와주거나, 의사처럼 병을 진단해 주는 일까지 할 수 있을 것 같다. 또 환경 관련 산업도 중요해질 것이라고 본다. 지구가 점점 더워지고 자연재해가 늘어나면서, 환경을 지키는 기술이나 재생에너지를 만드는 산업이 꼭 필요해질 것 같다

24일차

1. ②
2. 쇄국 정책
3. **답안 예시** 수출품: 비단, 도자기, 향료, 금
   수입품: 유리그릇, 보석, 향신료
   영향: 국제 교류 확대, 문화·기술 전파, 경제 성장에 기여
4. ① → ㄷ, ② → ㄴ, ③ → ㄱ, ④ → ㄹ

25일차

1. ③
2. 금난전권
3. **답안 예시**

구분	조선시대 5일장	요즘 시장
열리는 날	5일마다 한 번씩 열림	대부분 매일 열림
판매 방식	흥정하며 거래	흥정도 가능하지만 가격표가 있는 곳도 많음
판매 물품	농산물, 생필품, 그릇, 옷 등	신선식품, 옷, 공산품 등 다양
역할	물건 거래 + 마을 소식 교류	지역 상권 유지 + 주민 교류의 장

4. **답안 예시** 도시에는 마트, 백화점, 인터넷 쇼핑 같은 편리한 상점이 많아서 굳이 5일장에 가지 않아도 필요한 물건을 쉽게 살 수 있게 되었기 때문이다. 또 도시에서는 공간이 부족하고 교통이 복잡해서 5일장을 열기 어려운 점도 있는 것 같다.

26일차

1. ①
2. 대동법
3. 조선 시대에는 신분에 따라 세금 부담이 달라서 양반은 거의 세금을 내지 않았고, 농민 등 백성은 무거운 세금을 부담했다. 현대는 소득과 재산에 따라 세금을 내는 구조로, 모든 국민이 세금 납부 의무를 진다. 공평한 세금 제도는 사회 불만을 줄이고 국가 재정을 안정시키는 데 중요하다.

4. ①, ③

27일차

1. ④

2. 답안 예시 양반들은 거의 세금을 내지 않고, 농민들이 세금을 내느라 힘들게 살아야 했기 때문에 이 문제를 해결하려고 새로운 세금 제도를 만들어 개혁하려고 했다.

3. 답안 예시 조선 시대에 세금 제도를 개혁하면서 백성들의 부담이 줄어들고 농민들의 생활이 조금 더 나아졌다고 생각한다. 예를 들어 대동법이 시행되면서 쌀, 면포, 동전 등으로 세금을 내게 되어 공평하게 세금을 걷을 수 있었고 군포 부담을 줄인 균역법 덕분에 가난한 백성들이 억울하게 세금을 내는 일도 줄어들었다. 하지만 여전히 부자와 양반은 세금을 덜 내거나 피한 경우도 많았기 때문에, 완전히 공평한 사회는 아니었다.

4. 공평과 정의의 가치

28일차

1. ③

2. 금 모으기 운동

3. 답안 예시 IMF 외환 위기는 우리나라 기업과 은행의 과도한 빚, 외환 부족 그리고 아시아 금융 위기로 인해 경제가 크게 흔들린 사건이다. 많은 사람들이 일자리를 잃고 생활이 어려워졌지만 금 모으기 운동과 구조조정, 경제 개혁을 통해 위기를 극복했다. 이런 위기를 예방하려면 과도한 빚을 피하고, 저축을 늘리며, 경제를 투명하게 운영해야 한다.

4. ①-ㄷ, ②-ㄱ, ③-ㄴ

29일차

1. ②

2. 답안 예시 작은 힘이 모이면 큰 힘이 된다는 것, 위기 속에서도 희망을 잃지 않는 것, 나라 경제와 일상이 밀접하게 연결되어 있다는 것

3. 답안 예시 경제 위기 때 시민들은 자발적으로 참여하여 금을 기부하는 등 공동의 목표를 위해 협력하여 위기를 극복하는 데 중요한 역할을 했다.

4. ×, O, O

30일차

1. ④

2. 한강의 기적

3. 1960년대: 경제 개발 5개년 계획 시작, 노동집약 산업 발전, 1970~80년대: 중공업 발전(철강, 조선, 자동차), 1990년대~현재: 첨단 산업(반도체, IT) 성장, 수출 대국 진입

4. 반도체

31일차

1. ③

2. 비단, 향신료, 보석 등

3. 답안 예시 다른 지역의 문화와 기술 전파, 다양한 식재료와 물품의 교류로 생활 수준 향상, 국가 간 경제 성장 촉진

4. ① → ㄴ, ② → ㄱ, ③ → ㄹ, ④ → ㄷ

32일차

1. ②

2. 커피, 카카오(초콜릿 원료)

3. 답안 예시 아동 노동이 포함된 카카오 생산 → 공정 무역 제품 구매, 재활용, 소비자 인식 개선, 기업 압박 등

4. (1) O, (2) O, (3) ×

33일차

1. ②

2. 관세

3. 답안 예시 보호무역은 국내 산업과 일자리를 지킬 수 있지만 물가 상승과 기술 발전 지연의 단점이 있다. 공정 무역은 환경과 인권 보호, 가난한 나라 지원에 도움이 되지만 가격 상승의 부담이 있다. 우리나라 경제는 중요한 산업 보호와 국제 무역 활성화를 함께 고려해야 한다.

4. (1) ㄱ. (2) ㄴ. (3) ㄷ.

34일차

1. ③

2. 답안 예시 외국어 공부, 외국 문화 체험, 해외 친구 사귀기, 세계 뉴스 관심 갖기, 온라인 강의 수강

3. 답안 예시 해외 직구로 다양한 제품 구매, K-pop의 세계적 인기, SNS로 외국인과 교류, 해외여행 기회 확대

4. ④

35일차

1. ④

2. 빈부 격차

3. 답안 예시 지역 문화 지키기, 환경 보호 실천(일회용품 줄이기·재활용), 다양성 존중, 공정 무역 제품 구매, 개인 정보 보호, 건강한 먹거리 선택, 세계시민으로서 책임감 갖기, 비판적 사고 유지

4. ②

36일차

1. ④

2. 답안 예시 각 나라의 장점을 살린 생산(특화), 가격

이점, 다양한 물건 선택 가능성 등
3. **답안 예시** 주요 수출품: 반도체, 자동차(전기차 포함), 선박, 석유화학 제품, 철강, 문화 콘텐츠(K-pop, 드라마 등), 주요 수입품: 원유, 비메모리 반도체, 천연가스, 석탄, 자동차 부품, 쇠고기·돼지고기·밀·옥수수 등, 경제 특징: 제조업 경쟁력이 높아 수출이 많고, 에너지·원자재는 수입에 의존. 무역 의존도가 높아 수출입 균형이 중요함.
4. ②

37일차
1. ③
2. 유로(€)
3. **답안 예시** 회원국들끼리 무역 장벽 없이 자유롭게 물건을 사고팔 수 있고, 공동 화폐를 사용해 환전이 필요 없으며, 자유로운 여행·이동이 가능하다.
4. 12

38일차
1. ③ (간디 얼굴을 만지면 '부자가 된다'가 아니라 '문지르면 안 된다'는 내용이 맞음)
2. 미국 달러
3. 화폐 단위 조사 - 미국: 달러(USD), 일본: 엔(JPY) 환율이 오르면(원화 가치 하락) 수출이 유리해져 외국에서 우리 제품을 더 싸게 살 수 있다. 반대로 환율이 내리면(원화 가치 상승) 수입이 유리해져 외국 제품을 더 저렴하게 들여올 수 있다. 따라서 환율 변동은 수출입 가격과 무역 규모에 큰 영향을 준다.
4. 리알

39일차
1. ③
2. 브렉시트
3. **답안 예시** 브렉시트로 인해 영국과 EU 간 무역 장벽이 생겨 수출입 절차가 복잡해지고 비용이 증가할 수 있다.
4. (1) ×, (2) O, (3) O

40일차
1. ②
2. 에너지(천연가스, 석유)
3. **답안 예시** 국제사회가 협력하여 안정적인 자원 공급망을 구축하고, 재생에너지 개발을 확대하며, 분쟁 해결을 위한 외교적 노력을 강화해야 한다.
4. O, X, O

41일차
1. ④
2. 세계식량계획(WFP)

3. **답안 예시** 가난, 전쟁, 자연재해 등이 원인이고, 이를 해결하기 위해 필요한 만큼만 소비하고 음식물 쓰레기를 줄이며, 푸드뱅크나 기부 활동에 참여하고, 지역 농산물을 이용해 식량 운송으로 인한 환경 오염을 줄일 수 있다.
4. ②

42일차
1. ④
2. 공적 개발 원조(ODA)
3. **답안 예시** 기술 지원, 교육 지원, 공정 무역 확대, 국제기구의 지원, 기부·봉사 참여
4. ×

43일차
1. ②
2. CSR
3. 환경 보호 활동(헌 옷 수거·수선, 고체 샴푸 판매 등), 공정 무역 실천, 제품 판매 시 기부 활동(예: 신발 기부), 동물실험 반대, 장애인 고용 및 일자리 제공
4. ②

44일차
1. ④
2. 건강과 환경 모두 지킬 수 있기 때문
3. 일회용품 대신 재사용품 사용, 공정 무역 제품 구매, 동네 가게 이용, 중고품 구매, 에너지 절약 제품 사용, 필요한 만큼만 구매, 과대포장 피하기
4. x

45일차
1. ②
2. 지속 가능한 발전
3. **답안 예시** 부정적 영향: 공기 오염, 쓰레기 증가, 지구 온난화, 숲 파괴, 해양 오염, 동물 서식지 감소 등
해결 방법: 재생에너지 사용(태양광, 풍력), 리사이클링, 친환경 제품 사용, 쓰레기 줄이기, 대중교통·도보 이용, 일회용품 사용 줄이기 등
4. 지속 가능

46일차
1. 교토의정서 (1997년 일본 교토(京都) 에서 열린 국제회의에서 채택된 협약으로 이산화탄소 등 온실가스를 줄이기 위한 국제적 약속이다. 이 협약을 통해 각 나라가 온실가스 감축 목표를 세우고, 기후 변화에 대응하기 위한 첫 번째 국제적 노력을 시작하게 되었다.)
2. ②
3. 약 11.7톤

4. 일상생활에서 발생하는 탄소 발자국의 예와 줄이기 위한 실천 방안: 전등, 컴퓨터, 냉난방 사용하지 않을 때 전원 끄기, 온도 1~2도 조절,
대중교통, 도보, 자전거 이용하기
먹을 만큼만 만들고 남기지 않기
텀블러, 장바구니, 다회용기 사용하기
전자제품 오래 사용하고, 고장 시 수리해서 사용하기

47일차
1. 착한 에너지
2. ③
3. 사용하지 않는 전자 제품의 플러그 뽑기, 냉난방 온도 1~2도 조절하기, 대중교통이나 자전거 이용하기, 음식 남기지 않기, 물건 재활용하기, 전자 제품 오래 쓰기, 채식하기 등
4. 우리나라에서 가장 효과적으로 활용할 수 있는 재생 에너지는 태양광 에너지다. 그 이유는 우리나라는 사계절이 뚜렷하고 일조량이 비교적 풍부하기 때문이다. 특히 건물 옥상이나 학교, 공장, 농촌 비닐하우스 위에도 패널을 설치하기 쉽고, 도시나 농촌 어디서나 활용할 수 있어서 효율적이다.

48일차
1. 공유 경제
2. ②
3. 재능 기부: 춤이나 노래, 그림, 요리 등 잘하는 것이 있다면 다른 사람에게 가르쳐 준다.
중고 거래: 잘 쓰지 않는 물건을 팔거나 필요한 물건을 중고로 산다.
4. 물건을 덜 사면 쓰레기도 줄어들고, 자원도 절약할 수 있어 결과적으로 환경을 보호할 수 있다.

49일차
1. ④
2. 과소비
3. 사고 싶을 때 일주일 기다리기
필요한 물건 리스트 만들기
현금으로 결제하기
빌리기, 중고 구입, 물건 바꿔 쓰기
4. ×

50일차
1. 기부
2. ②
3. SNS에 좋은 정보나 긍정적인 메시지 공유하기, 좋은 말 릴레이 등
4. 나눔을 통해 감사하는 마음과 다른 사람을 이해하는 마음, 작은 것의 소중함 등을 배울 수 있다. 작은 나눔

을 통해 세상을 더 좋은 곳으로 만들 수 있다.